中國傳統

佛菩薩畫像 下

編繪 釋心德

文物出版社

觀音寶相

辛卯 白光永 書

自　序

　　我生長在魯西南的一個偏僻的小鎮。中學畢業后，隨表哥學習油漆工。由於農村的婚娶需要彩繪一些花鳥山水，朦朧中使我接觸了繪畫藝術，并開始努力追求。但因地處偏僻，加上家庭條件有限，始知要想進入藝術殿堂，并非易事。

　　1984 年，由於我二伯父有病，住在佛庵法師家中養病。正是這個偶然的因緣，使我開始接觸佛教，并於 1984 年下半年放弃油漆彩繪工作到濟南千佛山出家。然而出家對我來説，開始的心情是十分沉重的：人生究竟是什麽？人生短暫，在這短暫的一生中，我應該做些什麽？怎樣才能找到適合自己人生的坐標呢？心中的結，很難解開。

　　1985 年，我帶着這個難解的人生心結南下到蘇州靈巖山佛學院。在佛法的海洋裏，開始了我的心路歷程。1986 年，考入北京中國佛學院，繼續深造。系統的學習與探討，使我漸漸地認識到：人生的複雜與曲折，處世的艱辛和不易，只有真心實意的爲大衆做事，人生才有意義，生活才能得到充實。1987 年學習之餘，開始隨著名工筆畫家綫鶴汀先生學習工筆仕女，并臨摹了大批歷史名畫。如《八十七神仙卷》《韓熙載夜宴圖》《搜山圖》《送子天王圖》《地獄變相圖》等等。直到 1989 年由張伯駒夫人潘素介紹結識潘潔兹先生。他看了我的畫后指點："你已出家，佛教的内容題材十分廣泛，畫仕女對你來説是彎路。"潘先生的一席話，使我猛然醒悟，并下决心從人所共知的觀音菩薩畫像入手。於是我到處搜集資料，并系統整理。1990 年畢業后，分配到青島湛山寺從事管理工作。因諸事繁雜，雖没間斷繪畫，但進步不大。直到 1994 年來深圳后，才開始全身心地投入繪畫。

　　以前我性格非常孤傲、暴躁，遇事總强調客觀因素，怨天尤人。是佛教挽救并改變了我；是繪畫觀音菩薩，使我再不敢輕易發脾氣或指責別人。事各有因緣，學佛修行，處世爲人，旨在嚴格律己，方便別人，這也是菩薩精神。十多年來，我盡己所能，提高自身的人格修養和道德修養，盡量容納不同意見，而不敢再强調別人怎麽樣。記得趙樸初院長在我們畢業紀念册上題字説："要報衆生恩"。佛教講報四恩，即：父母恩、國家恩、師長恩、三寶恩。這報衆生恩，自然包括了四恩。試想我們所到之處，皆是受人供養、關懷，衆生即是我們的衣食父母，我們又應該做些什麽呢？這也是我畫觀音的緣起，以慈悲莊嚴的觀音形象來與大衆結緣，來報答關懷幫助我的廣大善信。

　　《觀音寶相》第三版即將出版面世了，由於我學識尚淺，技藝不佳，其中定有許多紕漏之處。誠望方家，直心指教，心德頓首以謝。今草寫數言，其意不在作序，只是談談幾十年來的感受而已。在此特別感謝大力支持我辦畫展和出畫册的深圳金活醫藥集團董事主席趙利生先生及全家，并向關懷和支持我的廣大善信，社會賢達，表示衷心感謝！

目　录

圖版

一、觀世音菩薩的信仰源流

觀世音菩薩，梵名"Avalokitesvara"，漢譯有觀自在、光世音、觀世音、圓通大士等。是以慈悲救濟爲本願的大菩薩。與大勢至菩薩并爲阿彌陀佛的兩大脅侍。

據《大悲心陀羅尼》所載，觀世音菩薩在過去無量劫之前，已經成佛，佛號爲正法明如來。由於要實踐其濟度衆生的悲願，才又現作菩薩相，在西方净土輔佐阿彌陀佛救度衆生。

觀世音菩薩之信仰，始自印度、西域，后傳至中國内地、西藏、南海、日本等地，故有關觀世音的記載甚多。西藏信仰觀世音尤盛，歷代之達賴喇嘛皆稱爲其化身，且其真言（六字大明咒）至今尚廣傳於該地。

自西晋竺法護之《正法華經》譯出后，中國内地亦大興觀世音之信仰，有關著作亦頗多。自北魏以后，造觀世音像之風益盛，今大同、龍門、駝山等地存有遺品甚多。隋唐以后，隨着密教之傳入，諸種觀世音像亦被造立，如敦煌千佛洞之菩薩像，觀世音像居大半。又以元魏孫敬德之《高王觀音經》爲始，《觀世音菩薩救苦經》《觀世音十大願經》《觀世音三昧經》等有關觀音的諸種經書亦陸續出現。其生日爲陰曆二月十九日，出家爲九月十九日，成道爲六月十九日。據稱其顯靈説法之道場在我國浙江普陀山。

1.仿唐吴道子碑刻观音　132 厘米×64 厘米

2. 仿閻立本普陀山碑刻楊枝觀音　90厘米×40厘米

3. 仿宋賈師古繪觀音　90 厘米 × 65 厘米

4. 仿元代敦煌觀音　110厘米×60厘米

5. 仿明丁雲鵬繪觀音大士像　110厘米 × 60厘米

6. 仿清華品繪多臂觀音　110厘米 × 60厘米

7. 仿清版畫十一面四十二臂觀音　170 厘米 × 83 厘米

二、觀世音菩薩男性説略考

有關觀世音是男是女，歷來説法不一，有經典記載，也有民間傳説。現根據各種經典作説明，以供參考：

據《華嚴經》載："見岩谷林中金剛石上，有勇猛丈夫觀自在，與諸大菩薩圍繞説法。"這勇猛大丈夫自然是男身。又據《悲華經》載："天竺有轉輪聖王，名無净念，王有千子，第一王子名不晌，即觀世音菩薩；第二王子名尼摩，即大勢至菩薩；第三王子名王象，即文殊菩薩；第八王子名泥圖，即普賢菩薩。"不晌王子曾在佛前發願："願我行菩薩道時，若有衆生受諸苦惱、恐怖等事，退失正法，墮大暗處，憂愁孤窮，無有救護，無依無舍，若能念我，稱我名號，若其爲我天耳所聞，天眼所見，是諸衆等，若不免其苦惱者，我終不得阿耨多羅三藐三菩提。"於是寶藏如來當衆爲不晌太子授記説："善男子，汝觀天、人及三惡道一切衆生，生大悲心，欲斷衆生諸煩惱，欲令衆生作安樂故。"善男子，今當字汝爲"觀世音"。

根據這一記載，觀音當是男子無疑。再據《觀世音菩薩授記經》云："昔金光獅子游戲如來國，彼國無女人，王名威德；於園中入三昧，左右二蓮花生二子；左名寶意，即觀世音；右名寶尚，即大勢至。"還有明代萬曆年間，胡應麟在《少室山房筆叢》中引王世貞《觀音本記》的話，也證明唐代以前的觀音絕大多數是男性打扮，而且《太平廣記》和《法苑珠林》亦説觀音是男性。

觀世音是大菩薩，其本相狀當然是大丈夫相。然而隨類示現，自然也可以化身成種種不同的樣子，女相只不過是其中的一類而已。習俗及外道，誤傳觀音爲女性，而且以妙莊王的三女兒妙善公主得道示現觀音的説法，當成正史，這實是一種誤傳。比如在中國唐代以前，以及日本、韓國的觀音像中多數是男相，而且有胡須。

8.敦煌觀音系列之一　初唐觀世音菩薩　144厘米×65厘米

9.敦煌觀音系列之二　初唐觀世音菩薩　110厘米×60厘米

10. 敦煌觀音系列之三　唐代觀世音菩薩　150厘米 × 75厘米

11. 敦煌觀音系列之四　初唐觀世音菩薩　145厘米×80厘米

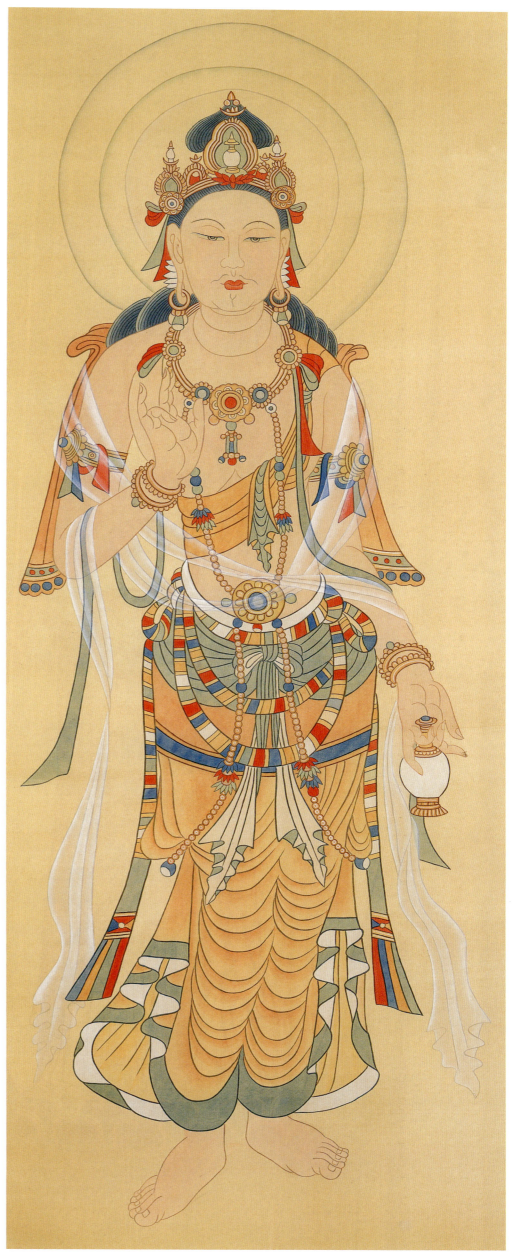

12. 敦煌觀音系列之五　初唐供養菩薩　152 厘米 × 61 厘米

13. 敦煌觀音系列之六　中唐觀世音菩薩　130厘米 × 50厘米

15.敦煌觀音系列之八　唐代菩薩　120厘米×66厘米

16. 敦煌觀音系列之九　唐代觀音像　120厘米×52厘米

18. 敦煌觀音系列之一 晚唐觀世音菩薩 160 厘米 × 70 厘米

19. 敦煌觀音系列之二　觀世音菩薩　167 厘米 × 58 厘米

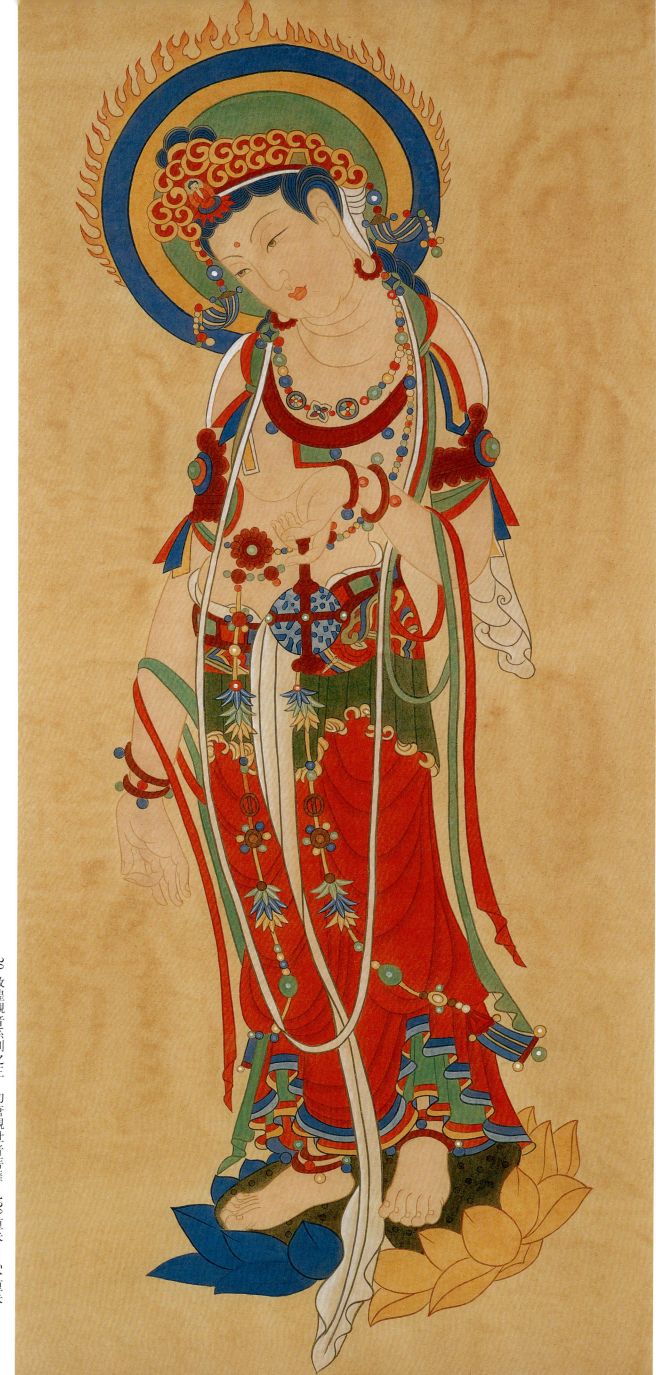

21. 敦煌觀音系列之四　初唐觀音菩薩　150 厘米 × 65 厘米

32

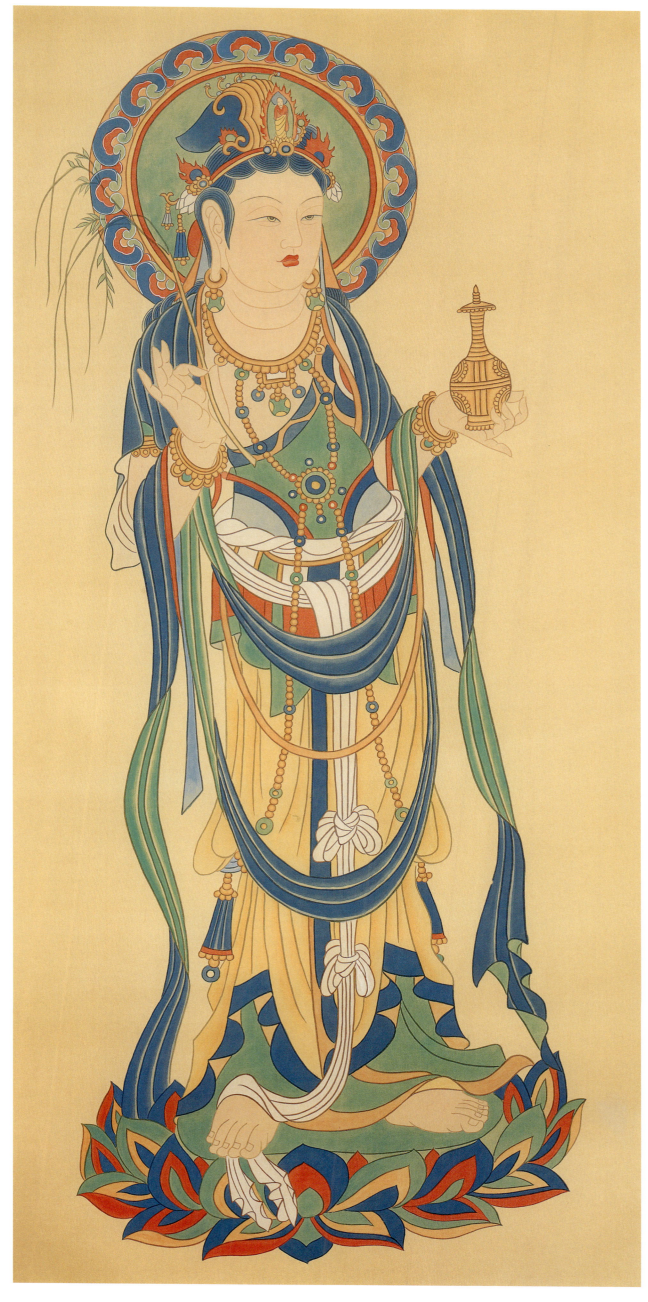

23. 敦煌观音系列之六 盛唐观世音像 148 厘米 × 72 厘米

24. 敦煌觀音系列之七　盛唐觀世音菩薩　131厘米×50厘米

25. 敦煌觀音系列之八　唐代觀音菩薩　148 厘米 × 71 厘米

26. 敦煌觀音系列之九　唐代菩薩　155厘米 × 60厘米

27. 敦煌觀音系列之十　唐代觀世音菩薩　125 厘米 × 55 厘米

28. 敦煌 元代白衣雙觀音　132 厘米 × 92 厘米

四、觀音菩薩

觀音菩薩，梵名爲阿縛入盧枳底濕伐羅，舊譯爲光世音或觀世音，新譯爲觀世自在或觀自在，密號爲正法金剛或清净金剛。他能觀察諸法，自由自在，給一切功德與一切眾生，使之脫離苦海，得到快樂，故稱爲觀自在。

觀音菩薩在中國民間受到最普遍、最廣泛的信仰，在佛教各種圖像或造像中，觀音菩薩的像也最爲常見，而且種類繁多，變化也極大。因此將觀音菩薩作一總的叙述。在佛教中，觀音菩薩是西方極樂世界教主阿彌陀佛的上首菩薩，與大勢至菩薩一起，是阿彌陀佛的左右脅侍，合稱西方三聖。

觀世音，是指世間眾生在碰到各種困厄灾難時，只要信奉觀世音菩薩，一心專念觀世音菩薩名號，這時他就會觀其音聲而來解救，使受難眾生及時得以脫困，所以稱爲觀世音。

佛教記載觀世音菩薩的經典很多，最爲流行的要數《法華經》中的《觀世音菩薩普門品》。這一品中叙述了觀世音菩薩大慈大悲，救度眾生的功德和能力，因此這部經譯出不久，這一品就被人們廣泛傳抄，單獨流行，并被稱爲《觀音經》。經中記載，觀世音是一位大慈大悲救苦救難的菩薩。如果有眾生遭受水火刀兵之灾，只要稱念觀世音名號，就火不能燒，遇水淹即得到淺處。如有遇刀兵相加，或有牢獄之灾，只要稱其名號，就能逢凶化吉，遇難呈祥。觀世音菩薩能給處於危難之中的眾生無畏的力量，使他們不畏恐懼。經中還說：觀世音菩薩能顯現各種化身，說法救度眾生。如有眾生應以佛身得度，觀世音菩薩即現佛身去救度，若應以羅漢身得度，他就現羅漢身去說法。還能隨時以國王身、宰官身、居士、長者、比丘、比丘尼、男女老少等各種不同身份，隨機應化，宣說佛法，點化眾生。

大約在兩晋之際，觀音菩薩的信仰就已經在社會上流行。到了南北朝，由於頻繁的戰亂，社會動蕩的原因，觀世音菩薩大慈大悲，救苦救難，在當時得到了更爲廣泛的信仰和傳播。而且還出現了一些專門宣揚觀世音的靈感故事和書籍，如南朝劉義慶編的《宣驗記》，等等。

在佛教各種菩薩像中，觀世音菩薩的形象種類最多，一般說來，當他和大勢至菩薩一起脅侍阿彌陀佛即西方三聖時，觀音菩薩多頭戴寶冠，冠上有化佛阿彌陀佛像。其它形象和衣飾則與其他菩薩没多大差別。中國佛教寺院中，大雄寶殿供奉的主尊背后，常常塑有海島觀音，觀音站立在鰲頭之上。有時觀音像旁，還畫有一個童子像。童子面向觀音，雙手合十，作禮拜狀，即所謂《童子拜觀音》。這是根據《華嚴經·入法界品》中所說：善財童子由文殊菩薩指點，先後參拜五十三位大善知識而創作。這其中第二十七位即是觀音菩薩，這種像在中國民間十分流行。

密教的經典往往又把一些密咒和觀音像聯繫在一起，還規定了持誦這些密咒相應的儀軌，以及需要禮拜供奉的觀音形象。由此産生了密宗六觀音、七觀音之說法，這些觀音中主要有馬頭觀音、千手觀音、十一面觀音、不空羂索觀音、准提觀音、如意輪觀音等，這些又都是正觀音或聖觀音的化身。

漢族地區的觀音在長時間的流傳過程中，更是發生了種種變化。人們多是根據自己的願望和喜好，塑造了許多富有民族特點的，符合人們審美和欣賞的心理情趣，而創造出各式各樣的觀音，如白衣觀音，楊枝觀音、馬郎婦觀音、送子觀音等。有典故并被人熟知的就有三十三觀音、大悲咒八十四觀音、普門示現觀音，等等。宋代以后所作的觀音多是根據妙莊王三公主妙善出家修成觀音說法；而按中國古代仕女形象而繪出的觀音形象，以至後來這種女性觀音成了主流。

30 觀世音菩薩　86 厘米 × 49 厘米

六、聖觀音

六觀音之一。密宗稱聖觀音、天台宗稱大慈觀音。亦稱正觀音、聖觀自在。此尊法相爲觀世音菩薩本身相，是觀音各種法相的總體代表，也可以説是觀音菩薩的正體標准像。聖觀音無千手千眼、馬頭、十一面、十八臂等異相。聖觀音是六觀音、七觀音的總體或正體，民間平常所説的觀世音菩薩，其實指的就是聖觀音和正觀音。觀音菩薩其他應化身，都是從正觀音形象演變的。佛教廟宇中以觀音爲主的"大士殿""圓通殿"多供奉此像。聖觀音的形象爲一首兩臂的菩薩相，通常頭戴天冠，冠中有阿彌陀佛像，結跏趺坐於蓮花座上，身上有瓔珞項釧等裝飾。法相表情端莊、慈祥、悲憫。其手姿印相、持物，則有以下幾種不同：一、左手屈肘舉胸前，拇指尖頂在食指尖成環狀，其餘三指直竪，作施大悲無畏印，右手托净瓶。二、左手持蓮花，右手結大悲施無畏印。三、雙手放在胸前，腿上結法界定印或者彌陀定印。四、雙手作説法印，聖像兩旁有善財和龍女脅侍。民間供奉的聖觀音法相大多爲女相，身着白色天衣，其面相頗類似中國古代仕女的造型。四川安岳石窟有一尊明代聖觀音造像，法相美麗而莊嚴，堪稱歷代民間聖觀音造像之代表。

七、如意輪觀音

"如意輪"觀音爲六觀音之一，全稱如意輪觀世音菩薩，又作如意菩薩，如意輪王菩薩。此菩薩持如意寶珠及法輪，以廣濟一切衆生之苦，成就衆生之願望。如意寶珠，指世間之珍寶，及出世間寶相之寶，此二寶能令衆生出福德。法輪，即轉法輪之意，能令衆生出智德。此菩薩安置於密教胎藏界曼荼羅觀音院中，密號爲持寶金剛，三昧耶形爲如意寶珠。其形象有二臂、四臂、六臂、八臂、十臂、十二臂等不同。其中，具有二臂之如意輪觀音像，爲密教以前佛像，與六臂如意輪觀音爲世人所供奉。

自古以來，即將此菩薩之六臂配於六觀音及六道，即：右方第一思維手配於聖觀音，地獄道；第二如意寶珠手配千手觀音，餓鬼道；第三念珠手配於馬頭觀音，畜生道；左方第一光明山手配於十一面觀音，阿修羅道；第二蓮花手配准提觀音，人道；第三金剛輪手配於如意輪觀音，天道。上述乃表示此菩薩之六臂，能救度六道衆生，拔苦與樂。此外，於諸經論中，尚有多種如意輪觀音之描述。此尊是根據敦煌千佛洞留有的六臂如意輪觀音之畫像而繪。

34. 如意輪觀音之一　105 厘米 × 80 厘米

35. 如意輪觀音之二　100 厘米 × 82 厘米

八、准提觀音

准提觀音，又稱七俱胝佛母菩薩、准提佛母、天人丈夫觀音等。准提是清净的意思，表示此觀音的心之清净、皎潔；她是蓮華部諸尊之母，故加佛母二字。俱胝當百千萬億講，七俱胝佛母，就是七百億諸佛菩薩之母的意思。此觀音常來世間交往，摧毀一切衆生之惑業，成就延命、除灾、求子諸願。

在胎藏界曼荼羅内，爲遍知院的一尊，密號爲最勝金剛，她的形象很多，常見的是三目十八臂像。

在十八臂中，各臂或結印、或持劍、持數珠、持金剛杵等物。據《七俱胝佛母所説准提陀羅尼經》記載：准提佛母身呈黄白色，結跏趺坐於蓮花上，身佩圓光，着輕縠衣，上下皆爲白色，有天衣、瓔珞、頭冠等莊嚴，十八臂皆着螺釧，面有三目。上二手作説法像，右第二手作施無畏，第三手執劍，第四手持寶鬘，第五手掌上置俱緣果，第六手持鉞斧，第七手執鈎，第八手執金剛杵，第九手持念珠。左第二手執如意寶幢，第三手持開敷紅蓮花，第四手執軍持，第五手羂索，第六手持輪，第七手商佉，第八手持寶瓶，第九手掌上置般若梵篋。

以此尊爲本尊之修法，稱爲准提法、准提獨部法，能爲除灾、祈求聰明、治病等所修的法門。

36. 准提觀音之一　90 厘米 × 65 厘米

53

38. 准提觀音之三　95 厘米 × 60 厘米

39.准提觀音之四　95厘米 × 57厘米

九、十一面觀音

十一面觀音，別名大光明普照觀音，爲密宗六觀音之一，梵名爲噎迦娜舍目，譯作十一面，密號爲慈愍金剛，頭上的十一面中，左右十面是表示因位的十地。最頂一面，表示十一地佛果，以便使一切衆生轉無明爲十一品得十一地佛果，此尊形象即依其所成就的圓滿功德，把它具體化而成的。

此尊位於胎藏界曼荼羅蘇悉地院北端。其十一面觀音的手臂有種種不同配置，有二臂、四臂、八臂等不同。其頭面亦有不同。據《十一面觀音經》載："前三面作菩薩面，左三面作嗔面，右三面似菩薩面，白牙上出，后一面作大笑面，頂上一面作佛面，面部悉向前，着后光，各面均戴華冠，各華冠中有阿彌陀佛。"

又據《十一面觀自在菩薩心密言念誦儀軌經》卷上載：以堅好無隙的白檀香雕觀自在身，長一尺三寸，作十一面，四臂。右邊第一手施無畏，第二手把念珠；左邊第一手持蓮花，第二手執軍持。其十一面前三面作寂靜相，右三面利牙出現相，左三面作笑怒相，最上一面作如來相，頭冠中各個有化佛。

十、四臂觀音

四臂觀音是藏密大悲觀音的主尊，代表大悲、大智、大力，是密乘行者必修的法門，與文殊菩薩、金剛手菩薩合稱"三族性尊"，居雪域怙主地位，是藏密和藏地的首位依怙尊。

四臂觀音相一面四臂，身白如月，頭戴五佛冠，黑髮結髻。中央二手合掌於胸前，捧有摩尼寶珠，右下手持水晶珠，左下手拈八瓣蓮花，與耳際齊。面貌寂靜含笑，以菩薩慧眼凝視衆生，凡被觀者都能盡得解脱。其身着五色綢緞衣裙，腰係寶彩帶，全身花蔓莊嚴，雙跏趺坐於蓮花月輪上。

四臂觀音的一首代表法界一味，四臂表示發心四願，身白色表自性清净無垢，不爲煩惱、所知二障所障。

在時輪院和歡喜金剛院中，其形象有四頭，爲藍、白、紅、灰色，有四臂二腿，身體爲藍色，兩脚踏卧之男體像。另一種是坐像，慈祥和藹；前兩臂之手作開敷蓮花合掌，后二臂右手持念珠，左手持優鉢曇華。爲藏傳佛教本尊之一。

42. 四臂觀音　95 厘米 × 75 厘米

十一、坐蓮觀音

以蓮花形象組成的臺座稱爲蓮花座，蓮花是佛教的象征，表清静，高潔的蓮花出污泥而不染，故佛陀和菩薩多安置在蓮花座上。

蓮花座的種類也較多，常見的蓮花座分爲三部：上部爲"蓮花部"，由蓮肉、蓮瓣組成，猶如一朵向上開放的蓮花；中部爲"座身部"，由敷茄子、清花（即象征浮在水面上的荷葉）組成，猶如一個托起蓮花的花盤；下部爲"座基部"，一般爲三層，也有二層、一層的。

此尊左手托净瓶，右手持楊柳枝，背有火焰。端坐於蓮座上的聖觀音，顯得非常莊嚴、聖潔。

43. 坐蓮觀音之一　100 厘米 × 75 厘米

十二、普門觀音

普門又作無量門，意指普及於一切門。天台宗認爲《法華經》所說的中道，實相之理，即遍通於一切，無所壅塞，所以諸佛菩薩乘此理，能開無量之門，示現種種身，以拔衆生苦，成就菩提。又以此爲根據而有十普門之説，即：慈悲普、弘誓普、修行普、斷惑普、入法門普、神通普、方便普、説法普、成就衆生普、供養諸佛普等十普門。依此順序可完成自行化他之德。

普門觀音：是以《觀世音菩薩普門品》爲依據所繪觀音。觀音普門品是《法華經》的一品，亦稱《觀音經》《普門品經》等，收於大正藏第九册。爲《法華經》卷七《觀世音菩薩普門品》之別行。内容宣説觀世音普門之妙用。有長行與偈頌所成，唯偈頌在漢譯諸本中之存廢頗有出入。漢譯本共有三種：一爲竺法護所譯之《正法華經》第二十三《觀世音菩薩普門品》，二爲鳩摩羅什譯《妙法蓮華經》第二十五《觀世音菩薩普門品》，三爲隋代闍那崛多、達摩笈多共譯之添品《法華經》第二十四《觀世音菩薩普門品》。其中《正法華經》全缺偈頌，《妙法蓮華經》在羅什譯之初亦無偈，至隋代闍那崛多時始作增補，故與添品《法華經》之偈頌完全相同。

46. 普門觀音之一　76 厘米 × 51 厘米

47. 普門觀音之二　95 厘米 × 52 厘米

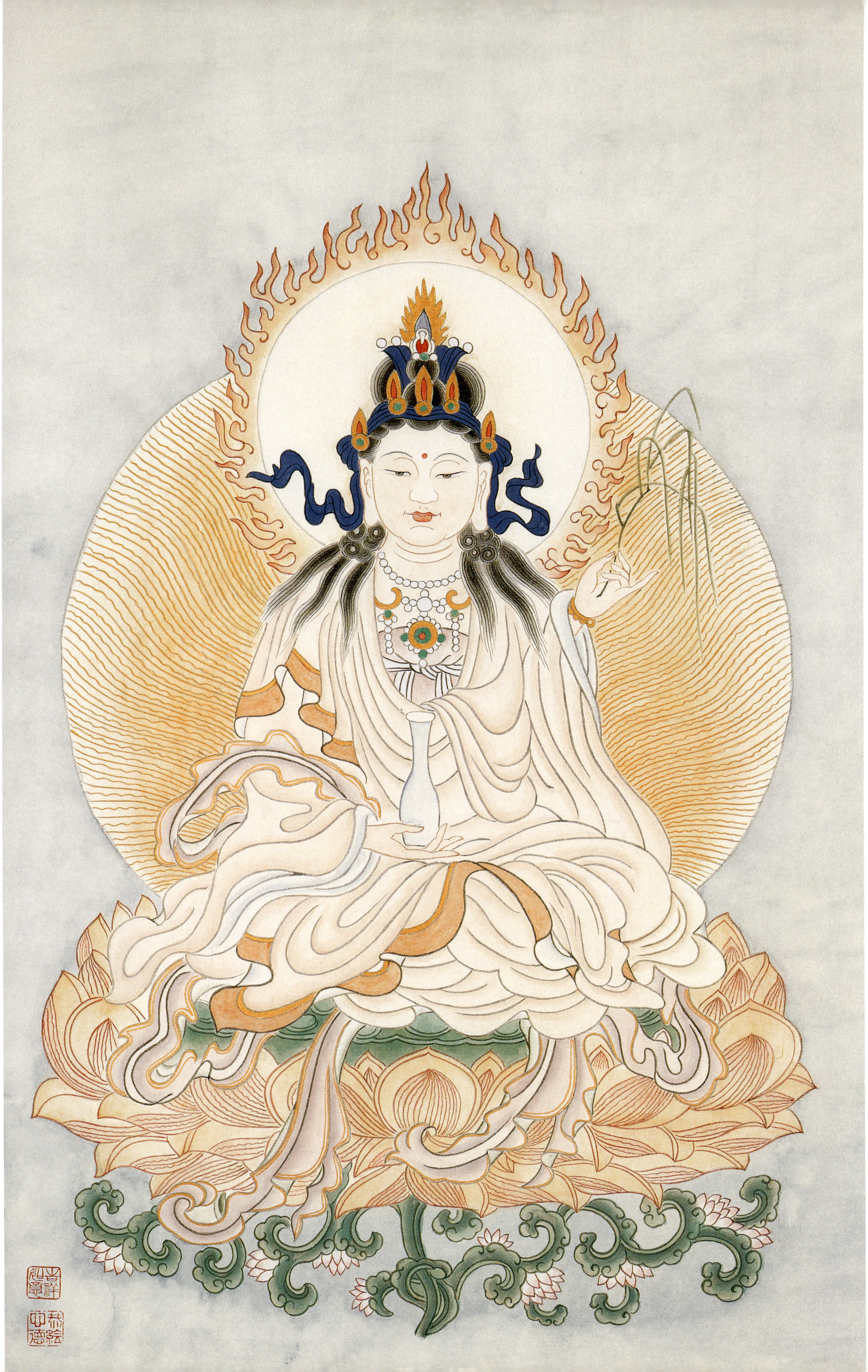

48. 普門觀音之三　84 厘米 ×50 厘米

十三、自在觀音

自在觀音又稱"觀自在菩薩"。唐高僧玄奘法師在譯《般若波羅蜜多心經》時，將觀世音菩薩首次改譯成"觀自在菩薩"。意爲遍觀任何時空，萬事萬物與一切現象之根源，而且能够顯現真正之精神所在。"觀自在"是普察人間的善惡，觀機往救，自在無閡，以無我之心救苦救難之意。"自在"是主宰之意，"觀自在"就是"被見者之主"或"衆生所見之主"。正如聖嚴法師所説："梵文'阿傳盧枳帝濕代羅'的原義，含有'觀照縱任'或'君主'的意思，也就是觀造萬法而任運自在的意思。"自在觀音法相有二：一、取立姿，頭戴華美蓮冠，冠上化佛作立相，身著納衣裳裙，疊手露釧，手姿仰覆變化美妙，赤足浮於雲端，雙目垂視，仿佛在觀察人間苦難，聞聲而動。其法相代表作品爲吴道子《觀自在菩薩》石刻綫畫。二、取坐姿，頭戴寶冠，左手觸蓮花，右手挂右膝觸腮，自然坐在雲端的蓮花上。修大法，觀自在，逍遥自得。面容秀美可親，仿佛如自由自在的仕女。其法相代表作品爲河北正定隆興寺供奉的《自在觀音》，此尊觀音被譽爲"中國最美的觀音"。唐代自在觀音多爲男相，民間供奉的自在觀音則多爲女相。佛教寺院供奉的自在觀音，通常是一足盤膝，一足下垂，因形象顯得很自在，故稱爲"自在觀音"。然而，無論何種法相，均須體現此尊菩薩的精神特征：觀自在菩薩者，觀世界而自在，拔苦與樂。

鳩摩羅什法師意譯爲觀世音菩薩，玄奘法師新譯爲觀自在菩薩。"自在"是表示菩薩具備大智慧，能够完全自在的洞察世界，達到事理無礙的境界。

據《佛説無量壽經》記載：菩薩身長八十萬億那由他恒河沙由旬，身上皮膚是紫金色，頂上有肉髻，頭上有毗楞伽摩尼寶製成的天冠，特別是天冠中有一尊立佛，高有二十五由旬，眉間白毫相具足七寶顔色，演流出八萬四千種光明；每一光明中亦有無數化佛，化菩薩，頂有圓光，光中有五百化佛；每一化佛又各有五百化菩薩，無量諸天作爲其侍者，全身光明中，示現有五道衆生中一切色相，其變現自在，能遍十方世界。

菩薩有十種自在：1.延壽命；2.心自在，生死置之度外；3.財自在，能知足常樂；4.業自在，多做善事；5.生自在，隨心所欲；6.勝解自在，世事無常，唯忍而已；7.順自在，觀所樂而成，由精進所得；8.神力自在，由定所得；9.智自在，隨語音而慧；10.法自在，而於契經，由慧所得，因名觀自在。

50. 自在觀音之二　80 厘米 × 43 厘米

十四、水月觀音

水月觀音，三十三觀音之一。此尊形象亦有多種形式，但多與水、月有關，所以稱水月觀音。水中月，喻諸法無實體。

水月觀音，又稱水吉祥觀音，或水吉祥菩薩。這是觀世音一心觀水相的應化身，其形象有多種，有的是站立在蓮瓣上，蓮瓣則飄浮在海面上，觀世音正在觀看水中之月；另一種是以蓮花座姿，趺坐在大海中的石山上，左手持未敷蓮花，右手作施無畏印，且掌中有水流出。

這裏所編繪的水月觀音是根據北京法海寺明代壁畫所繪，此尊身披白紗衣，滿身珠寶精工細描，雍容華貴的觀音是歷代壁畫和繪畫當中的極上乘作品。還有其他多種水月觀音，這裏只選編四種。

此尊所以命名爲水月觀音的緣由，也有不同的說法，有說是因爲其形象作觀看水中之月的相狀，所以名爲水月觀音；也有說是由於其形象浮在海上，猶如水中之月，因此而名。

中國最古老的水月觀音，應是在敦煌千佛洞發現的，屬唐代中期作品，此畫被法國羅浮宮美術館所收藏。

據《法華玄義·卷二》載："水不上昇，月不下降，一月一時，普現眾水"。由於水月觀音富有極深的真理，所以歷來爲文人畫士樂於描繪。

53. 水月觀音之二　80 厘米 × 60 厘米

54. 北京明代法海寺壁畫水月觀音　126厘米×67厘米

55. 大足水月觀音　141 厘米 × 90 厘米

十五、白衣觀音

白衣觀音，梵名"Pandaravasini"，三十三觀音中的第六尊。意譯爲白處、白住處。又稱爲白處尊菩薩、大白衣觀音、服白衣觀音、白衣觀自在母等。

在《大日經疏》卷五中記載："此尊常在白蓮花中，故以爲名。"又説，"白者即菩提之心，即是白住處也。此菩提心從佛境界生，常住此能生諸佛也。此是觀音母，即蓮花部主也。"

此尊位在密教胎藏界曼荼羅蓮華部院西北隅。密號爲離垢金剛，普化金剛。三昧耶形爲手持白蓮花或優鉢曇華。《大日經·密印品》記載：其印契爲兩手虛心合掌，二無名指屈於掌中，二拇指并屈觸着二無名指。此即表此尊爲蓮花部之部母，能生蓮花部諸尊。

據《觀世音現身種種願除一切陀羅尼》中説，供奉此尊觀音，應用白净細布畫觀世音像，觀音身穿白色天衣，坐蓮花上，一手持蓮，一手持净瓶。據説誦念《白衣觀音經咒》后，白衣觀音就可出現，見到的人，心不生畏怖，而且能"隨心所欲，求願悉得"。白衣觀音聖像的特征是：身着白衣，處白蓮中，均爲二臂，手持法器或手印契各不相同。有的左手持蓮，右手作與願印；有的左手持棒或羂索，右手持般若經篋；有的左手持開敷蓮花，右手揚掌；有的左手持寶劍，右手持楊柳；也有雙手捧鉢，站立於蓮臺上。《白衣大士神咒》是最著名的觀音經咒之一，常念誦可助攝心，頌此真言后，轉念消業，凡事化爲吉祥。

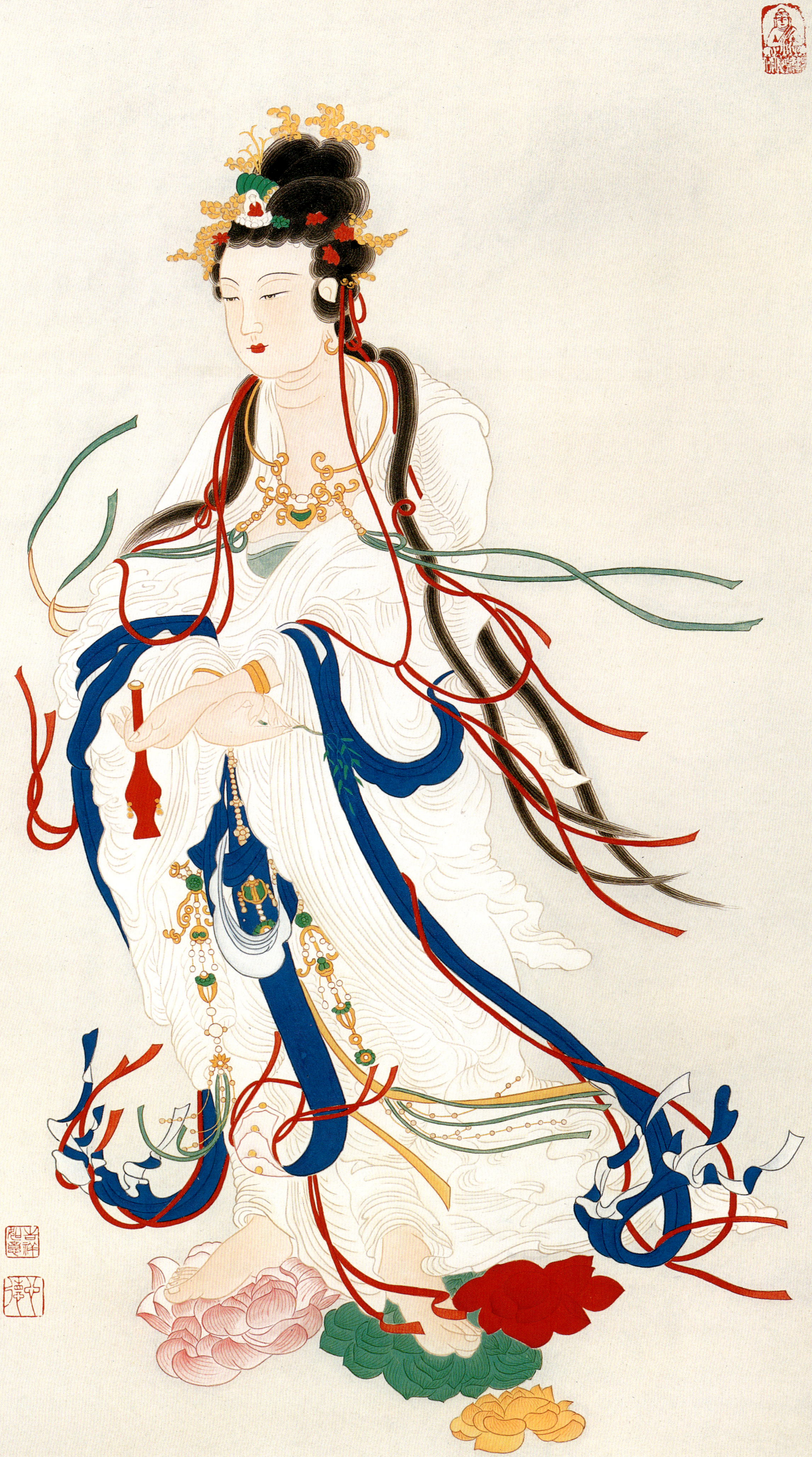

58. 白衣觀音之二　95厘米×55厘米

十六、數珠觀音

數珠觀音，亦名多寶觀音。據說古時，江南一帶民風刁薄。世人不知禮儀，只重財利，貪心十足，爾虞我詐，奸淫盜殺，無所不爲。觀音菩薩痛心世風不古，便決定來江南進行點化。

她化作一個肥頭大耳的和尚，身上戴着及手拿大量金珠寶物，招搖過市，分外引人注目。他這樣出現在市鎮上，立時引來一幫地痞無賴，擋住和尚去路。并不懷好意地説："你是哪來的妖僧，大膽到我地招搖撞騙。你一個出家人怎麼會有這麼多金銀珠寶？莫非是搶劫來的？快快獻出，放你過去，要是不然，休想活命！"觀音菩薩則説："我哪有什麼寶物，也不知世間什麼才叫寶物，只有學善修心，才是真正寶物。"這幫無賴哪能聽進去這些，紛紛叫喊："你這刁和尚，胡説什麼，你身上那些金珠玉翠就是寶物，不要耍賴，快快交出來。"觀音菩薩説："你們要這些東西嗎？我看這些都是糞土，貧僧正嫌它纍贅，你們看好什麼就隨便拿。"説完就把那些金銀珠寶放在地上，那幫無賴一哄而上搶了個净光，只留下一串婆羅子數珠，大家都不要，丟在地上。胖和尚拾起被丟的數珠，感嘆説："可嘆世人真假不分，没用的東西全拿走，一串修心養性的寶珠竟没人要？可見此地人没善根。"那幫無賴將搶去的珠寶拿到集市出賣時，都成了飛塵，隨風飄失。

這是觀音示現的一個故事，后人把這個典故又根據四川大足石窟的雕像而改繪成這幅觀音。

60. 數珠觀音　95 厘米 × 65 厘米

62. 大足數珠觀音　141 厘米 × 81 厘米

十七、鰲魚觀音

　　這尊觀音是根據民間傳說繪製。據說，南粵大海中有一只千年孽鰲在海邊噬人作惡，此怪獸體長一丈六尺左右，形態極爲恐怖，通體褐色，略現金色光彩；頭頸像龜，尾巴却像大魚，因爲它長着四只脚，趾間厚皮相連，可以劃水。這個怪獸不僅能在水中游泳，而且能上岸行走，憑着它鋒利的牙齒和堅厚的甲殼，什么都不怕，它吃猪馬牛羊，尤其喜歡吃人。由於這個凶猛怪獸時常出没，粵海兩岸的百姓紛紛逃離家園，遷居内地。

　　這天，觀音來到粵海之濱，聽聞此事後，即在各處找到十萬八千根蠶絲，結成羂索；又取寶瓶中的楊柳枝削成九個倒刺鈎，再用海底沙土捏成一個人形，將倒刺鈎埋在泥人腹内，准備好后，專等怪獸出現。又一天金鰲在海底魚蝦吃得膩煩，便浮出水面看到岸邊有人，便張開大口吞下泥人；可那泥人一進肚中，即刻融化開了，索上九個倒刺鈎露了出來，觀音將手中羂索一拉，那金鰲痛得在沙灘上直打滚。從此觀音便征服了金鰲，并收納了它。此鰲魚觀音便因此典故而改繪。

64. 鰲魚觀音之二　92 厘米 × 40 厘米

十八、童子觀音

童子是梵語的意譯,佛教所稱童子,并不是"少年""兒童"之義。佛門中稱童子,一是指補佛,將來要登佛位;二是指菩薩持戒清净,十分純真,像童子一般没有淫欲貪念,所以許多菩薩如文殊師利、寶積、月光等也都是尊稱童子。

據《華嚴經·入法界品》講:善財童子是福城一個長者的五百童子之一。當善財誕生時,有種種珍寶自然涌出,所以他被命名爲"善財"。當時文殊菩薩正在福城東的婆羅林中宣揚佛法,於是善財童子去文殊處請教佛法,文殊菩薩指示他到南方可樂國請教功德雲,善財找到功德雲,功德雲又指點他到海雲國找海雲。如此一而再,再而三,善財共參拜五十三位善知識,最后在普賢菩薩的教化下,終於如願以償修成了正果。

我們在一些寺廟的觀音殿和繪畫作品中,經常看到在觀音旁邊,有一童子,頭梳髮髻,帶兜肚,眉目清秀,這小童子就是我們所熟知的善財童子。善財童子參拜的第二十七位善知識就是觀音菩薩。可能因爲功成一半,或是善財在觀音身邊稍多的緣故,後來善財就被人們認爲是觀音的脅侍。

66. 善財與觀音　81厘米 × 45厘米

十九、龍頭觀音

三十三觀音之一，以觀音駕乘龍頭之上而得名。龍在中國，向來被視爲四靈之一，能够善爲變化。佛經中所謂龍衆即龍神，狀如蟒，所以蟒蛇亦被稱爲龍。龍生活在水中，是水族中最有威力者，且常自海中取水上天，降雨於人間。龍衆是八部衆中最顯靈聖的神祇。觀音菩薩道場位於南海之中，根據中國傳説，海乃龍王之轄地，觀音站立於龍頭之上，意在使天下風調雨順，保四海太平無事。《法華經·普門品》中説："應以龍身得度者，觀音即現龍身而爲衆生説佛法。"龍爲衆獸之王，以此比喻觀音菩薩威神之力。流傳於世的龍頭觀音聖像有以下兩種：一、觀音立或坐於海中龍頭或龍背之上，波濤洶涌中龍頭露出水面，觀音立在龍背之上，手持净瓶向龍嘴灑水，是降龍或是戲龍。或者立於雲龍之上，作説法印，眺望大海彼岸。二、觀音立或坐於雲中龍頭或龍背之上，雲霧中有鉅龍騰飛嘯吼，觀音端坐龍背，俯視下方。或者立於雲龍之上，手持蓮花，凝視人間，在以上兩種龍頭觀音表現手法中，一般來説雲間乘龍多爲坐姿，海中降龍多爲立姿。傳説龍頭觀音顯化時，手執如意爪杖，頂上現出一條金龍。龍頭觀音中龍的造型均爲漢化之龍，即民間常見的中華之龍。

二十、岩户觀音

三十三觀音之一。因其端坐於岩窟之中而得名。又名"岩洞觀音""岩石觀音"。《法華經·普門品》中説："蚖蛇及蝮蝎，氣毒烟火燃；念彼觀音力，尋聲自回去。"據此，岩户觀音成了普門品中能驅除蚖蛇蝮蝎蟲難之事。"蚖"是鉅毒蛇，只要被其咬一口，絶對是没命的。"蝮"亦係毒蛇，被其咬一口，同樣斃命。因爲這些毒蟲盤踞在洞穴之中，經常出來危害衆生，而此菩薩即是爲了保護衆生，故而在洞口上繪製此法相。岩户觀音法相特征是：坐於岩洞之中，打坐静思入神，或悠然欣賞水面。坐姿爲結跏趺坐，手印相爲禪定印，或作遊戲坐，手持念珠。杭州西湖飛來峰上青林洞内，有一尊元代"岩户觀音石雕像"，其法相具代表性。岩洞中觀音高坐蓮臺，手持念珠，静思入神的神態刻畫得十分逼真。民間常可見到如下岩户觀音畫像：懸崖陡壁間一岩洞，藤蔓垂落，翠竹旁生，洞外鸚鵡翔空，觀音托鉢執柳，屈一膝，盤坐在菩提葉之草團上。懸崖下善財童子蹺足合掌立於石根，面朝洞中觀音菩薩仰拜。此尊觀音深受中國佛教徒喜愛，民間供奉較多。

二十一、送子觀音

送子觀音是據《法華經·普門品》所載"若有女人設欲求男，禮拜供養觀世音菩薩，便生福德智慧之男。設欲求女，便生端正有相之女"而由畫家創作的畫像。

據清代趙翼在《陔餘叢考》載："許洄妻孫氏臨産危苦萬狀，默禱觀世音菩薩，恍惚見一白氅婦抱一金色木龍與之，遂生男。"又有金陵有一叫潘和的商人，篤信佛教，樂善好施，而年過半百，膝下卻仍然只有一個女兒。一天，潘和忽然做了一個夢，夢見一白衣女子要他到江口將一四面十八臂的多寶觀音打撈上岸送到清凉山鷄鳴寺，潘和滿口答應："一切遵命。"只是説："我年盡花甲，膝下無子，求菩薩賜我一子。"只見那白衣女子從懷中取出一顆白棋子，交給潘和。潘和大喜，剛想再問，竟是一夢。次日上午，潘和趕到江口，果見對岸漂來一尊木雕刻成的蓮座，上有觀音法像，但略有損傷，不能直立，只好側卧在蓮葉上，於是人們便稱爲卧蓮觀音。

從此以後，潘和之妻果然懷孕，不久便生了一個白净可愛的兒子。潘和萬分高興，就請名畫家將夢中所見的白衣女子畫出，懷中加了一個小孩。世人皆稱"送子觀音"。一般的造像多是觀音懷中抱着健康活潑的小孩，或周身圍着許多有趣的孩子，代表送子的職務，送子觀音像身披斗篷，是民間最常用的形象。

二十二、阿耨觀音

三十三觀音之一。因巨海與龍魚和阿耨達池有因緣，故名"阿耨"。《法華經·普門品》中云："或漂流巨海，龍魚諸鬼難，念彼觀音力，波浪不能没。"佛經中湖海不分，故稱此觀音爲阿耨。據此，阿耨觀音成了普門品中的"救湖水難之身"。巨海，亦可指無邊生死大海；龍魚諸鬼，亦可指衆生内心煩惱。煩惱在衆生心中興風作浪，致使衆生永遠漂流在生死海中，不能達到涅槃彼岸。如衆生能稱念"觀音菩薩"的聖號，那就可仰仗觀音菩薩威神之力，令諸波浪不敢將你没於海底。阿耨觀音法相特征是：觀音左手拿蓮花，右手似拿龍珠狀，盤坐在似龍魚的背上，下邊是海水。《法苑珠林》載有觀音顯靈救水難的事跡：晉代徐榮，山東琅琊人。航船誤入漩渦之中，眼看就要被漩水吞没，徐榮惶然無他法，只有至心稱念觀音菩薩名號。不一會兒，如同有幾十人在齊力牽引似的，航船竟慢慢出了漩渦，順江漂流下去。此時，太陽已落，天昏地暗，風狂雨急，誰也不知道漂在何地，巨浪洶涌，幾次差點打翻航船。徐榮又至心念誦觀音菩薩名號不停。忽見遠山上燃起火光，烈焰熊熊，江心照得通明，船向火光駛去，平安地到達岸邊。到岸后，火光熄滅，徐榮這才知道觀音菩薩在暗中保佑他。

二十三、獅吼觀音

獅吼觀音又名"騎吼觀音",是民間常見的觀音法相之一,因觀音騎坐於吼狀獅子之上,故名。又稱"獅子無畏觀音"。此尊觀音與阿摩提觀音有一定關係。獅子有威嚴的外貌,在古印度佛教中被視爲神獸,佛寺神聖建築的守護者。因獅子産於南亞,故中國古代繪畫中無獅子圖。《東觀漢記》載:"疏勒國王獻獅子,似虎,正黄,有髯鬣,尾端茸毛大如斗。"然而,中國古代畫家繪製的獅子則多加美化,已非原形。漢地佛教創造的騎吼觀音,其獅子造型十分奇特,頭胸如龍、如麒麟,顯然是從中國古代瑞獸中衍變而來。獅頭向上作吼狀,觀音則安然坐於其背上,左腿屈起,右腿放下,神色悠然自得,穩如泰山。山西五臺山佛光寺東大殿有一尊唐代騎吼觀音彩塑像,觀音端坐於吼獅之上,雙手持蓮花。騎吼觀音多見於宋代和明代,其法相坐姿,多爲安逸坐、輪王坐、吉祥半跏坐和降魔半跏坐。藏傳密宗供奉有"獅吼觀世音",其法相特征是:觀音作左舒坐姿,坐於吼狀獅子身上,左手持蓮花,右手持三叉戟,戟柄上盤有長蛇。《大悲心陀羅尼經》中有"地利尼"梵語,意譯爲奇勇、寂滅摧開的意思,此乃觀世音現獅子王身相,意在使衆生消除灾禍。

74. 慈容五十三現之二現　96 厘米 × 60 厘米

二十四、慈航普渡觀音

慈航普渡觀音又名"過海觀音""渡海觀音""慈航觀音"。在漢地佛教供奉的觀世音菩薩像之中，此尊觀音法相是最常見的一種。《千光眼經》記載：觀世音菩薩早在釋迦牟尼佛之前就已經成佛了。那么，觀世音菩薩爲什么又來做菩薩呢？這就是自古傳説的菩薩倒駕慈航。在《悲華經》中是這樣記載的，觀音菩薩在寶藏如來面前發誓説："願我行菩薩道時，若有衆生受諸苦惱恐怖等事，退失正法，墮大暗處，憂愁孤窮，無有救護，無衣無舍，若能念我名號，若爲我天耳所聞，天眼所見，是衆生等若不得免斯苦惱者，我終不成阿耨多羅三藐三菩提。"民間供奉的慈航普渡觀音多爲漢化之女相，其特征是：菩薩立於大海中蓮花或蓮瓣之上，雙手交叉置於腹前，白衣裹身，瓔珞爲飾。苦海無邊，觀音仿佛乘上普渡之舟，正以大慈悲之心，遠航去救苦、救難、救世。

二十五、净瓶觀音

持瓶觀音又名"持華瓶觀音菩薩"。因其手持華瓶而得名。此法相常見於古印度、晋、南北朝、隋唐及日本和朝鮮。華瓶亦稱"净瓶""澡瓶",又稱"寶瓶"。八寶吉祥,係佛教傳説中的八件寶物,其中有寶瓶。在佛教看來,寶瓶象征"福智圓滿不漏之謂",而觀世音菩薩之寶瓶專裝甘露聖水,聖水灑向人間,能帶來祥瑞,它象征天下太平。四十二臂觀音中有寶瓶手和净瓶手,寶瓶造型大而圓,净瓶則呈長圓型,前者喻調和眷屬,后者喻求生梵天。《大悲心陀羅尼經》中有"娑婆摩訶阿悉陀夜"之梵語,此乃觀世音菩薩示現藥上菩薩相,觀音手持寶瓶,行療衆生疾苦。寶瓶中裝有聖水,可醫治衆生諸疾病,這是觀世音菩薩俯憐一切物類,特隨緣顯相,以化導各類衆生,使其皆成就無上妙道的真言。持瓶觀音爲民間常見的觀音聖像之一,歷代觀音造像亦見到各種不同的持瓶觀音法相。上海玉佛寺藏有一尊出土於北魏太和十年的石雕《持瓶觀音立像》。此尊法相造型優美勾稱,右手下垂持寶瓶,而有别於其他持寶瓶灑甘露的觀音像,追求的是整體立像勾稱、流暢。

77.净瓶观音 147厘米×77厘米

二十六、魚籃觀音

魚籃觀音乃中國民間流傳的三十三觀音之一，一手持念珠，一手提盛魚的竹籃，神態瀟灑威嚴。民間對魚籃觀音有許多傳說，并把觀音提魚籃看作是這尊菩薩法力無邊的象征。

據《法華持驗記》《觀世音菩薩感應傳》中記載，唐元和十二年，陝西東部的人還沒有信奉佛教。有位年輕貌美的女子來到此地，求婚者很多，美女說："欲娶親者，如一夜能背誦《普門品》即嫁之。"到了黎明，有二十人通過了背誦。美女又說："我一人豈能嫁給這麼多人，若有一夜能背誦《金剛經》者即嫁之。"到了天亮能背誦者有十餘人。美女再要求他們在兩天內背誦整部《法華經》，最后只有具有驚人記憶的馬郎全背出來了。於是美女如約嫁給了馬郎。迎娶之日，賀喜賓客尚未散去，賣魚女突然去世，馬郎將她葬於金沙灘。數日后，一位身穿紫袍的老僧來到此地，問賣魚女下落。於是馬郎帶老僧到安葬處，老僧開墳驗屍，女子屍體已經完全腐爛，只剩下一條金鏈子串起來的骨頭。和尚告訴圍觀的民眾說，這女子是聖人示現，她來此地的目的是爲了解救他們脫離惡業輪回。說完，和尚用水將屍體洗净，係在杖上騰空而去。從此，這裏的人們開始信仰佛教。而金鏈子串起來的骨頭就是聖人的標記，因此，人們稱爲"鎖骨菩薩"。雖然故事中沒有出現觀音，也沒有提到魚籃，但是故事被人們所傳頌。到了《魚籃寶卷》，魚籃觀音形象才更加清晰。

在宋代江蘇沿海地區，金沙灘的村莊以打獵、捕魚、屠宰爲生，這裏的人非常凶惡，搶劫、殺人，做盡種種壞事，惹怒了玉皇大帝，他命令東海龍王用海水淹没整個村莊，要村民下到地獄去，永不得超生。

觀音當時是南海教主，知道后起憐憫心，請求玉皇大帝延后幾個月處罰他們，并自願下凡到金沙灘去度化他們。觀音化爲一個絕世美女提着魚籃，來到金沙灘賣魚，村中有一姓馬的惡霸，非常富有，想要娶得這位漂亮的姑娘。馬郎假意與賣魚女接觸，打探她的身世。賣魚女告訴他至今未婚的原因是發願要嫁給一位能背誦《法華經》，并且吃素行道的人。聽到賣魚女的話，馬郎很有興趣，便問道："哪裏能找到這部經，這經爲什麼那么重要？"賣魚女回答："這部經是無價之寶，有了它，便可得人天喜樂，遠離地獄之苦。"至於哪裏可以找到這部經，賣魚女指向她的魚籃。原來她把《法華經》藏在魚籃子裏。

村中的男子知道了這事，決定和馬郎一樣，努力背誦經典，學習佛法，來爭取與美麗的賣魚女結婚。一個月過去了，他們還在學習背誦經典，但救度金沙灘的計劃必須趕快進行，因此她選擇品行最壞的馬郎，來履行承諾。他朝馬郎吹一口氣，馬郎頓時神清氣爽，毫無猶豫地背誦出全本《法華經》。馬郎雀屏中選，非常高興地准備婚禮。沒想到賣魚女在婚禮當天突然生病。此時，賣魚女向馬郎吐露自己真實的身份是觀音，她告訴馬郎："我違背了玉皇大帝的要淹没金沙灘的旨意，所以必須待在凡間三年。"臨死前，她告訴村人要繼續持誦這部經典，并繼續吃素、行善，之后便死了。

二十七、不空羂索觀音

不空羂索菩薩全稱爲"不空羂索觀世音菩薩"，又稱"不空王觀世音菩薩""不空廣大明王觀世音菩薩""不空悉地觀世音菩薩""不空羂索菩薩"。

依《不空羂索神變真言經》所傳，在過去第九十一劫中，觀世音菩薩曾受世間自在王如來的傳授，而學得不空羂索心王母陀羅尼。此后觀世音菩薩即常以真言教法，化導無量百千衆生。因此，當觀世音菩薩示現化身，以此法救度衆生時，便稱爲"不空羂索觀音"。

不空羂索菩薩一名的"不空"是指心願不空之意，"羂索"原是指印度在戰爭或狩獵時，捕捉人馬的繩索。以"不空羂索"爲名是象征觀世音菩薩以慈悲的羂索救度化導衆生，其心願不會落空的意思。

所以此尊觀音的形象，雖然有一面八臂或三面六臂等多種，且手持羂索，有懾伏衆生的意思，但是其真正的寓意，則是誓願宏深的廣大慈悲。以經典所載，凡是能如法受持不空羂索心王母陀羅尼的人，現世可得無病、富饒、無橫災等二十種功德，臨終也可得無病痛、觀音莅臨勸導等八種利益，甚至可以護國佑民、防止天災地變等功德。

此菩薩在胎藏界中觀音院內，形象爲三面四臂，每面皆有三面，正面肉色，右面青色，左面黑色，表三德之意。左第一手持蓮花，第二手携羂索，右第一手持念珠，第二手執軍持，并披有鹿皮袈裟。

另外還有一面三目十八臂、一面四臂或三面二臂、四臂、十臂、十八臂，等等，最普遍的應是一面三目八臂像。其形象爲眉間白毫上竪有一目，左右二手合掌當胸，左次手持蓮花，次手於膝上持羂索，第四手作與願印；右第二手持錫杖，第三手於跏上持白拂，第四手作與願印，垂諸指仰掌，左右相對作同印不持物。二足以左按右上，着鹿皮袈裟。

80. 不空羂索觀音之一 160 厘米 × 78 厘米

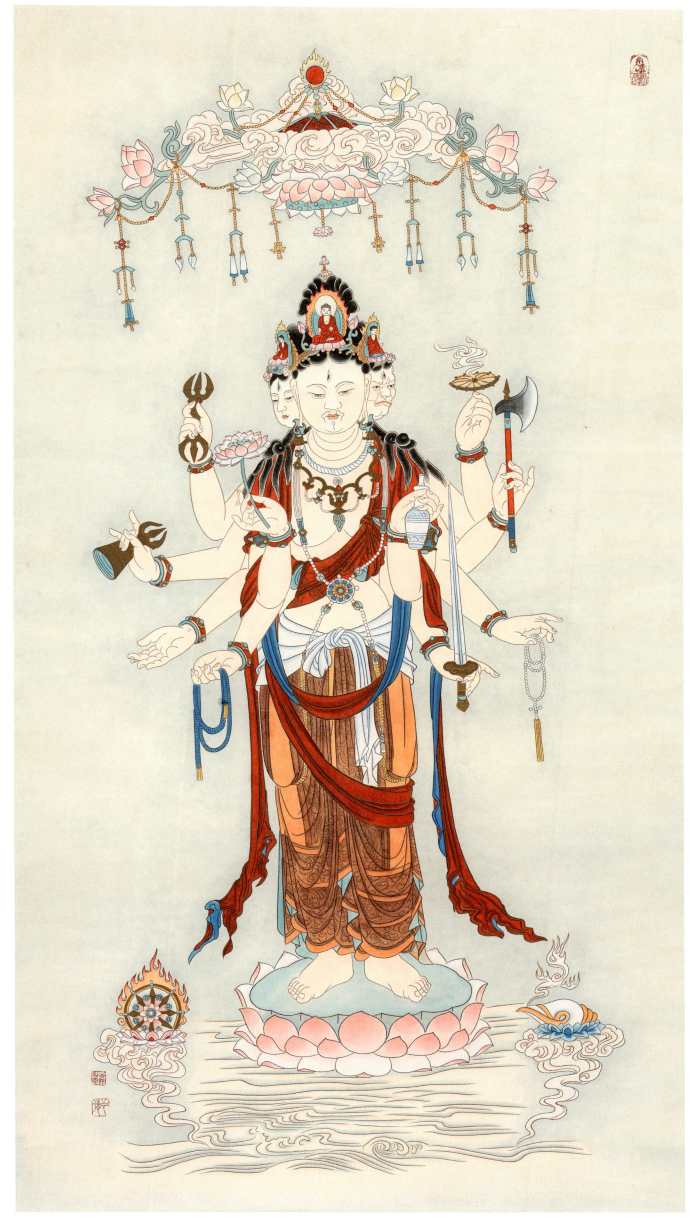

二十八、持蓮觀音

三十三觀音之一。因手持蓮花而得名。佛教常以蓮花來比喻佛或佛法。蓮花出淤泥而不染，花色淡雅，亭亭玉立於碧波之中，迎風搖曳，深得人們喜愛。大乘佛教有一部著名經典，經名《妙法蓮華經》，蓮花喻潔白美麗，蓮華即蓮花。實際上蓮花已成爲佛教的象徵。觀音係由蓮花童子衍化而成，因此，觀世音菩薩以蓮花爲誓願象徵。手持蓮花喻菩薩接引眾生往生西方極樂世界。佛經上形容極樂世界長滿了蓮花，蓮花清净高雅，所以西方極樂世界又稱净土。持蓮觀音有多種，有左手持蓮花，右手屈臂手在胸前，站立於雲端的；亦有雙手持蓮，兩邊有童男童女跟隨着的；等等。還有手持蓮花，坐於蓮臺之上，此爲坐相持蓮觀音。持蓮觀音大多是豐潤貌美的少女形象。蓮花形狀有開敷蓮花、未開敷蓮花之別。《法華經·普門品》中載：“應以童男童女身得度者，即現童男童女身而爲説法。”據此，持蓮觀音成了三十三應化身中的童男童女身。又稱童子相觀音。佛教認爲：童男童女身是最爲清净、没有污染的身體，若修道或參禪打坐，很快就能有所成就，很快開悟，得天眼通。所以童貞入道是最寶貴的。

二十九、楊柳枝觀音

觀音菩薩最常見的持物是楊柳枝和净水瓶，表示以慈悲心遍灑甘露法水，令衆生消灾免難。佛典中還有一種祈請觀世音菩薩消伏毒害的法事叫作"楊枝净水法"。密宗認爲修"藥王觀音"密法可以祛除身上的病患。

楊柳枝：楊柳枝是古印度重要的日常生活用具。古印度人刷牙用的齒木，就取材於楊柳枝或類似的樹枝。齒木與香水是古印度人饋贈友人、表示自己誠意的禮品。這種習慣延伸到佛教界，也就成爲禮敬佛菩薩的供品。古印度的香水，其實是（於伽）加上香、花的净水，而齒木又專指楊枝，因此，中國佛教徒在供佛時，乃演化成"楊枝净水"固定供物。

净瓶和甘露：最早的净瓶原型是印度人用金屬製成的澡罐，它表示用洗濯罪垢污穢來使心净潔。在東方美術上它變成甘露瓶，佛教認爲，觀音手持的净瓶中有甘露，具八種功德：澄清、清冷、甘美、輕軟、潤澤、安和、除饑渴、長養諸根。净水遍灑大千世界，洗凡塵、除衆垢、潤群生、滅除諸種煩惱。

三十三觀音除楊柳觀音外，德王觀音和灑水觀音也是手持楊柳。德王觀音相當於《法華經·觀世音菩薩普門品》之"應以梵王身得度者即現梵王身而爲説法"的觀音化身。梵王是色界之主，其德殊勝，所以稱爲德王；德王觀音像多爲趺坐岩上，左手置於臍前，右手持楊柳。灑水觀音相當於《法華經·普門品》中"若爲大水所漂，稱其名號，即得淺處"之觀音化身。其像爲左手持鉢，右手執楊柳。

84. 楊柳枝觀音　168 厘米 × 80 厘米

三十、灑水觀音

三十三觀音之一。又名"滴水觀音"。灑水亦稱"灑净"，即取灑水器以散杖灑香水於壇場使得清净。此爲密宗之修法。"散杖"，灑水用具，本用小束茅草，然后世代之以梅枝。灑時醮水右旋而灑。灑水觀音與净瓶觀音有關。"净瓶"又稱"寶瓶"，内盛净水，象征净化身心。"净水"又稱甘露水。觀音手持灑水器，當以梅枝或楊柳枝醮水灑向人間，或救旱灾而降雨，或除病害而降魔。菩薩灑向人間的甘露之水，不僅爲久旱不雨之地降雨減灾，而且還爲世上争權奪利、禍害百姓的惡人頭上澆一冷水，使其猛醒，做些好事，以免被刑之悔遲。觀世音菩薩遍灑甘露，令衆生了悟菩提，是代表慈悲爲懷，普灑佛法。灑水觀音法相主要有如下幾種：一、取立姿，右手執灑杖，左手執灑水器，作灑水之相。二、立姿，左手執柳，右手持寶瓶作灑水狀。菩薩將甘露之水灑向人間，以救衆生灾難。三、取坐姿，右手作説法印，左手持瓶作灑水狀。此乃普門品中"若爲大水"一句之象征。菩薩頭戴風帽長長的披在肩上，身穿錦袍，半跏趺坐在岩石之上。灑水觀音是民間最普遍供奉的觀音聖像之一。

三十一、千手千眼觀音

六觀音之一。密宗稱"千手千眼觀音"，天台宗稱"大悲觀音"。又名"千眼千臂觀世音"，簡稱"千手觀音"或"千手觀自在"。千手意喻菩薩法力深廣，無所不能；千眼意喻菩薩觀照一切，無所不察。據《千手千眼觀世音菩薩廣大無礙大悲心陀羅尼經》記載：觀世音過去是千光王靜住如來弟子，如來爲他講《大悲心陀羅尼》，并對他說："汝當持此心咒，普爲當來惡世一切衆生作大利樂。"弟子發誓道："若我當來堪能利益安樂一切衆生者，令我身千手千眼具足。"一發此願，頓時長出千手千眼，而且十方所有佛都放光照觸其身，從此他便成千手千眼觀世音菩薩。觀音具有千手千眼，表示能圓滿無礙普渡一切衆生。若有衆生供奉此尊菩薩，誦持該菩薩所傳的大悲神咒，那么此菩薩將以千手護持，千眼照見，并能息災避禍，降伏邪魔。唐代以后，密宗興起，千手觀音聖相在中國、日本許多寺院中逐漸作爲主像供奉。千手觀音法相有繁簡兩種形式，繁式實有千手：法身八手，二手合掌，餘各持法器；報身四十手，二手合掌，餘各持法器；化身九百五十二手，分五層或十層作孔雀開屏狀后插。以上合千手之數，手中各有一眼，是爲千眼。簡式爲：常具兩眼兩手外，左右各具二十手，手中各有一眼，共四十眼。此四十各各入於二十五有，恰合一千之數。菩薩頂戴寶冠，冠下垂紺髮，頂上有三面、四面、十一面、二十七面等多種，冠中有阿彌陀佛像，其像多爲立姿。千手觀音在民間是大衆最爲熟悉、最爲崇拜的觀音聖相之一。

88.千手千眼觀音之三　127厘米×91厘米

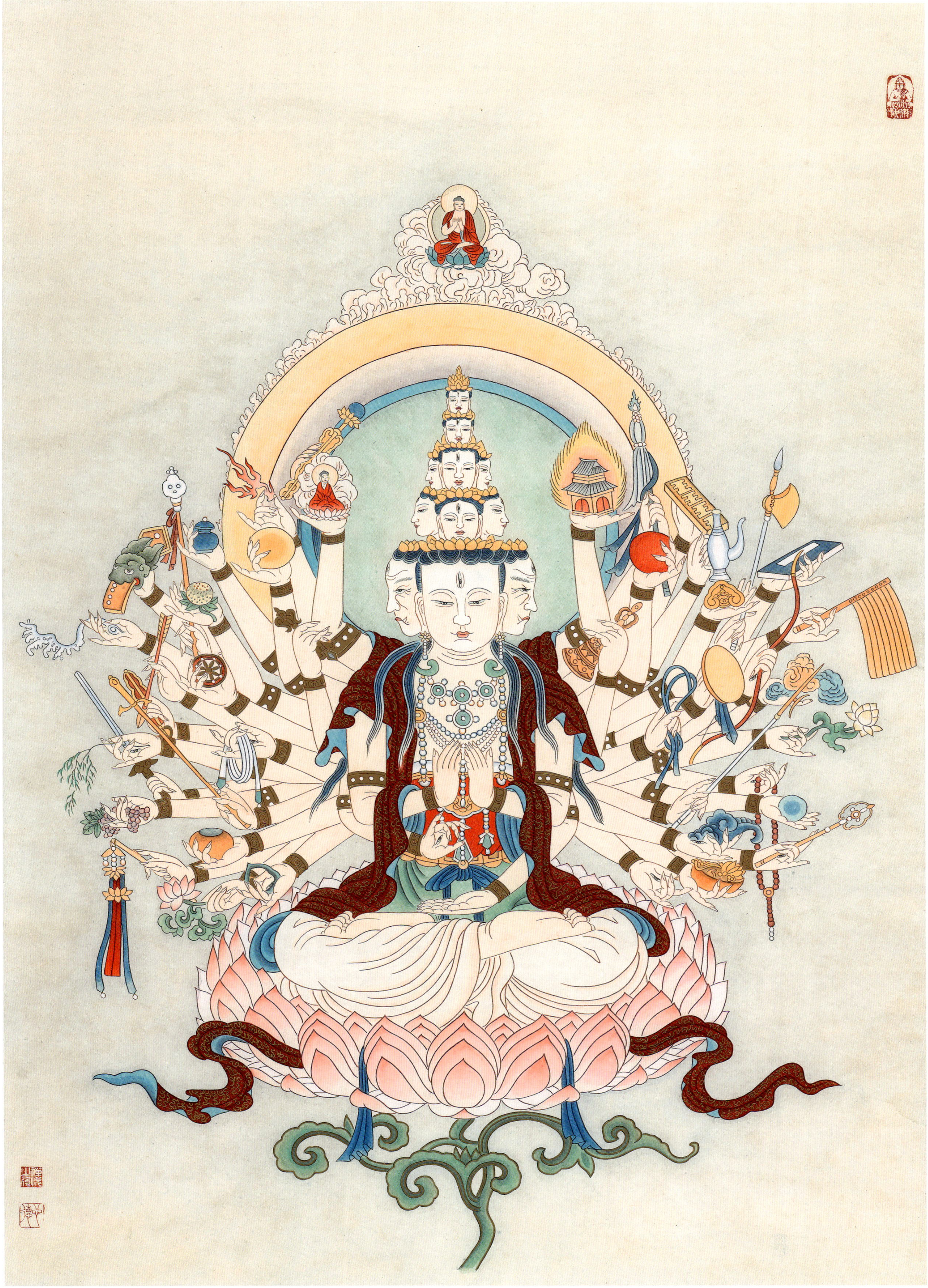

89. 千手千眼觀音之四　127厘米 × 87厘米

91. 千手觀音　170厘米 × 100厘米

92. 二十四臂觀音　81厘米 × 46厘米

三十二、觀世音菩薩的源流

1.觀世音菩薩的由來

在釋迦牟尼佛宣講的《觀世音菩薩授記經》中記載："昔金光獅子游戲如來國，彼國中無有女人。王名威德，於園中入三昧，左右二蓮花童子，左名寶意，即是觀世音；右名寶尚，即是大勢至。"

那是在另一個遙遠的劫世裏有一佛國名叫"金光獅子游戲國"，有一位威德法王，以佛法治理全國，因而成佛，他的佛號就是如今的阿彌陀佛。有一天，威德法王正在園中坐禪入定，在左右兩旁地上，突然生出兩朵蓮花，蓮花上化生了兩個童子，他們正在蓮花中打坐，一個叫寶意童子，一個叫寶尚童子。威德法王很驚訝，他們用偈語對話，後來，他們二人與威德法王一起前往佛陀處請法。童子問佛說："供養什麼最勝妙？"佛陀回答："發菩提心，廣濟衆生，迴向菩提，是最勝福。"於是，二人發菩提大願，救苦衆生。寶意童子成了觀世音菩薩，寶尚童子就成了大勢至菩薩，成了阿彌陀佛的繼承人。阿彌陀佛涅槃后，觀世音菩薩就在七寶菩提樹下成佛，佛號名叫"普光功德山王如來"，他的佛國號稱"衆寶"。

在《千手千眼無礙大悲心陀羅尼經》中，觀世音在普陀洛迦山的觀音寶殿，向諸佛菩薩宣説大悲心陀羅尼咒的來歷時説到了自己的身世：説自己是遠古時期一位名叫"千光王静住如來"的弟子，這位佛因憐憫觀世音和一切衆生的緣故，向他宣講廣大圓滿無礙的《大悲心陀羅尼》，并以金色手摩按他的頭頂，説道："汝當持此心咒，普爲當來惡世一切衆生作大利樂。"當下自己就發願："若我真能如願，利益一切衆生的話，那就讓我現在能生出具足的千手千眼。"他的願才發完，就生出具足千手千眼，同時十方衆佛都放光普照在他身上……從那時起，觀世音就常常持誦此咒。

釋迦牟尼佛也宣説：這個菩薩名叫"觀自在菩薩"，又叫"燃索"，另一名叫"千光眼"。過去無量劫中，早已成佛，佛號"正法明如來"。

2."觀世音"這個名號是怎樣産生的

"觀世音"這個譯名最早出現在公元三世紀由印度僧人康僧鎧翻譯的經典《佛説無量壽經》中。得到重視和肯定還是在公元五世紀由鳩摩羅什法師所翻譯的《妙法蓮華經·觀世音菩薩普門品》中體現的。經中説："觀世音菩薩以何因緣名'觀世音'？佛告無盡意菩薩，'善男子，若有無量百千萬億衆生，受諸苦惱，聞是觀世音菩薩，一心稱名，觀世音菩薩即時觀其音聲，皆得解脱'。"觀世音菩薩大慈大悲，拯救一切苦難衆生，故全稱"大慈大悲救苦救難觀世音菩薩"，因爲避唐太宗世民諱，略去"世"字，簡稱"觀音""大悲"，沿用至今。

"觀世音"還被譯爲"光世音"，是由精通三十六國文字的月氏大僧竺法護所譯。但是世人還是經常稱呼"觀世音"這個名號。其實早在公元二世紀的漢譯經典《成具光明定意經》中就出現了"觀音"二字，但是直到後來出現的漢譯經典《悲華經》《華嚴經》《觀世音菩薩授記經》時才使用"觀音"和"觀世音"兩個名號。

佛菩薩的名號也代表着他們特有的德行與相貌，藥師佛以醫藥救度衆生得名，地藏菩薩則是因爲在過去世中以"衆生度盡，方證菩提，地獄未空，誓不成佛"爲誓願得名。而觀世音是一位救苦救難"度一切苦厄"的慈悲菩薩，觀塵世苦難衆生的呼救聲，而前往救度。遇到種種灾難苦惱，只要發聲呼救稱念"觀世音"，就能得到他神通法力的救助。這是他深得人心的主要原因，在《普門品》與《悲華經·大施品授記品》中都得到宣説。

觀世音菩薩尋聲救苦，聲音不用聽而是去"觀"，此屬於佛教所説的"六根互用"。六根，即眼、耳、鼻、舌、身、意六種感官及其功能。當佛菩薩修到一定境界，就可以到達六根互用的高等境界，也就是任何一根都能替代其他諸根作用。《涅槃經》稱："如來一根則能見色、聞聲、嗅香、別味、知法，一根現爾，餘根亦然。"

"觀世音"還有一個深刻的涵義，即代表每個人心靈最深處的"内在覺性"，也可以説是"佛性"。觀世音不但來觀你的音，還要讓每個人觀自己的音，和衆生密切聯繫在一起。

3.觀世音菩薩的聖容寶相

《佛説觀無量壽佛經》中，釋迦牟尼佛講述仰看觀世音的聖容時，給我們留下這樣的意象：觀世音菩薩身高有八十萬億那由他由旬；膚色成紫金色；頭頂有肉髻；天冠是以毗楞伽摩尼寶珠製成的天冠，天冠中有站立的化身佛，身高二十五由旬；頸項有圓光，圓光中有五百化身佛，如釋迦牟尼佛，五百化身佛有五百化身菩薩隨侍；面容有百千由旬；眉間毫毛成七寶顏色，并放射出八萬四千種光芒，每一光芒中有無數的化身佛、化身菩薩，遍滿十方世界；手臂像紅蓮色，有八十億微妙光明作爲瓔珞，在瓔珞中普現一切莊嚴故事；手掌有五百億朵蓮花色；十指每一指端有八萬四千畫，猶如印紋，每一幅畫有八萬四千顏色，每一顏色有八萬四千光芒，光芒柔和，普照一切世界，菩薩以此寶手接引衆生；舉脚時，脚底有千輻輪相，自然化成五百億光明臺，以托着脚，放下脚行走時，有金剛摩尼花布散在地上，彌漫四處；其餘身相圓滿美好，與佛身一般無異，惟有頂上的肉髻和無見頂相，這相高不及佛陀世尊。這就是觀世音菩薩莊嚴威儀的聖容寶相。

4.觀世音菩薩在中國歷代的形相變化

隨着時代的變遷，觀音菩薩或畫或雕塑的具體形象，不斷發生着微妙的變化，既有當時的政治、經濟、文化生活的深刻印記，又集中了中國民間的無窮智慧，反映了中國民間的思想感情和審美要求。

兩漢末年佛教東漸，佛教的造型藝術傳入中國，觀音的造像開始産生。到了北魏，公元四九四年，北魏孝文帝改漢製，遷都洛陽，官場禮儀、服飾一律漢化。中原的瘦骨清相之風成爲佛教造像藝術的主導。觀音的面相從豐潤變爲清瘦、長頸削肩、身材修長、嘴角上翹、衣裙飄逸。衣服一般不再是斜披式，而是以寬大的披巾遮肩，不露肌膚。

到了隋代，觀音不再有北魏時期的瘦骨清相和瀟灑飄逸的風度，臉型變得方且厚重，身姿拙重粗樸。那時，無論是壁畫還是石窟造像，觀音的形象已顯示出慈悲的風格。所謂慈是給人以快樂，所謂悲是解除人們的痛苦。這個時期逐漸出現了大量單獨的觀世音的造像，由此可知，觀世音信仰已開始從正統的佛教體系中游離開來，成爲一個相對獨立的信仰系統。

在唐代，佛教信仰和佛教藝術得到普及。觀音的形象開始利用泥塑彩繪的方法，使觀音菩薩更人間化，更富人情味，觀音形象開始向世俗化發展，無論是男相還是無性相的觀音，都已顯示出女性端倪。初唐時期敦煌第三二八窟的觀音菩薩像，充分運用了泥塑彩繪的特長，使肌膚、衣裙、佩飾都極富質感。菩薩形象端莊，氣質高貴典雅，雖仍然爲男相，但已充滿陰柔之美。

宋代以來，理學之風盛行，但思想的禁錮却似乎在觀音造像上有更多的反映。那時，觀音形象較唐代更加世俗化，得以流傳的觀音形象多以普通人的表情姿態傳神。宋代的觀音造像在藝術上達到了一個新的不可逾越的高峰，位於重慶大足轉輪經藏窟的數珠觀音，在宋代觀音造像中極富代表性。

遼金時期，因戰亂頻繁，民族衝突和交流十分頻仍，這個時期觀音造像的最大突破是在各個地區都出現了密教式樣的造像。與宋代并存的幾個少數民族政權，如回鶻、高昌、遼、西夏、金、大理等，更是留下了大量密教造型的觀音。此時的觀音形象具有唐代影響的遺迹，同時又具有北方民族的臉部和身體特征。

元、明、清及近代以來，元代提倡宗教多元化，及至明、清，民間的觀音信仰已徹底世俗化和程式化。這幾個朝代將唐代開始出現的獨立的觀音題材發揮到極致，出現了大量的"水月觀音""送子觀音""自在觀音"等觀音變身的形象。觀音的法器如柳枝、净瓶等也開始伴隨觀音大量出現，觀音已變成中國的民間神祇。這幾個朝代觀音造像的形式和材料極多樣化，不再僅僅以大型雕塑或繪畫的形式出現，而且出現了大量民間製造，適宜民間信仰的小石雕、玉雕、金胡小雕像、年畫、剪紙，等等。這幾個朝代的觀音造像大多衣着簡單如同女尼，形象也多爲當地的中年婦女，沉静安詳文秀的品味，成爲主要的審美風範。

5. 觀音的宫殿

"布達拉"是梵文"普陀洛迦"的音譯，意爲"持舟山"，藏族人稱它爲"孜布達拉"或簡稱"孜"，即宫殿之意。藏族有句諺語稱：布達拉，佛之樂園，觀世音的宫殿。

最早的布達拉宫是松贊干布王在公元五八一年左右建造的。當時的宫殿不像現在這般宏偉華麗，到了十七世紀末，達賴喇嘛在位時，一個執掌權力的僧人"松革吉雅妙若"繪出一幅宫殿改建圖，手法非凡，鼓舞了全藏人民一起來改建宫殿，在十八世紀順利建造成今日所見雄偉的布達拉宫。

高聳入雲的布達拉宫顯示了"超越塵世，靈魂脱俗，浮於衆生"的佛教思想。它既是藏傳佛教神聖的象徵，又是西藏過去政教合一權威的象徵。整個建築底部以白色爲襯托，代表世俗；中央主體爲暗紅色，代表僧侶；頂部爲金頂和黄銅鎏金。這既反映出僧俗分明，又反映出僧俗一體，突出了佛教的重要地位和西藏過去政教合一的社會特徵。

布達拉宫的中央稱爲"赤王宫"，高聳的壁上能放出紫紅光芒；佛殿上的靈塔金壁輝煌，如同摩天大樓一般壯麗。該宫法王殿上有一個小佛舍，安置有純金的觀世音菩薩聖像。觀音菩薩是西藏的守護主，藏族人民相信世界猶如一朵蓮花，拉薩就是蓮花的中心，是觀音的净土，觀音就居住在布達拉宫。達賴喇嘛被視爲觀音的化身，在人間傳菩薩道，因此達賴喇嘛住在布達拉宫。

在全世界各地有很多著名的觀音道場，除了印度的普陀洛迦山、中國的普陀山、布達拉宫外，還有斯裏蘭卡的普德蘭港、日本紀伊的普陀洛、韓國的洛山等，還有一些隱藏的地方。哪個道場最爲重要呢？其實，我們不一定要去某一特定的觀音寺廟朝拜和祈求保佑，所謂"佛在心中莫遠求""千處祈求千處應"，太虛大師曾説："清净爲心皆普陀，慈悲濟物即觀音。"到聖地去朝拜觀音是虔敬心的表達，但若執着於會毀朽的聖地宫殿，就誤解了信仰觀音的本意。

6. 觀音的住處

《華嚴經·入法界品》告訴我們：觀世音菩薩的殊勝道場就在普陀洛迦山。

第一個拜訪觀音道場，親自前往求法參學的是"善財"。當時，善財童子正在雲游南印度，展開學習佛法之旅。他在南行中，分別向五十三位善知識求道。當他來到印度最南端莫科林岬附近，一位韡瑟胝羅居士告訴他："南方有座普陀洛迦山，山中有位觀自在菩薩，你可以向他請教菩薩道。"善財童子按照居士的話，來到普陀洛迦山尋找這位大菩薩。山路崎崛，就在這山西面泉流林郁的岩谷之中，看見觀自在菩薩結跏趺坐在金剛寶石上，有許多菩薩恭敬圍繞身旁，聽他説法。

善財童子頂禮過后，也恭敬地加入，向觀自在菩薩問法。這是經典中第一次提到觀音的住處。"普陀洛迦"原意爲"光明之樹"，因此又稱作"小樹莊嚴山"或"光明山"。

在《千手千眼觀世音菩薩廣大圓滿無礙大悲心陀羅尼經》中這樣對觀音聖地進行描述："一時佛在普陀洛迦山，觀世音宫殿，寶莊嚴道場中，與無央數菩薩，無量大聲聞，無量天龍八部神等，皆來集會。時觀世音菩薩放神通光明，照耀十方刹土，皆作金色，日月之光，皆悉不現。"

在《大唐西域記》中記載："秣羅矩咤南方有座秣剌耶山，東方有座布呾落伽山，此山山徑危險，山頂有池，其水澄澈如鏡，有大河繞山周流二十匝，流入南海。池旁有石天宫，觀自在菩薩往來游息。能發願者如見菩薩，不顧身命，涉水登山，忘其險難，到此山者甚少。唯山下居士，若虔心求瞻視菩薩，則菩薩或現自在天身，或現塗灰外道身，慰喻此人，得遂其願。"

公元七世紀，唐玄奘游歷印度時作了以上記載。依此描述，普陀洛迦山的位置應該在印度最南端的莫科林岬角附近。普陀洛迦山，山道險峻；山頂上有清澈如鏡的天然靈池，涓涓流水，匯成大河，環山繞流二十圈而瀉入南海；池邊有座石造宮殿是觀音菩薩往來時的歇脚處。許多人都渡河登山，前去祭拜觀音菩薩，但能不畏艱險抵達山頂的朝聖人寥寥可數。倒是山下居民經常向山頂膜拜觀音，觀音有時化爲自在天，有時化作塗炭外道神祇，來撫慰百姓，實現他們的心願。

普陀洛迦山被定爲現今印度西高止山南段，秣刺耶山以東的波那桑山，位於提納弗縣境，北緯八度四十三分，東經七十七度二十二分的地方。藏族僧人多羅那他的名著《印度佛教史》說："優婆塞寂光、月宮，曾到此山巡禮。"

現在，由於年代久遠，對於印度普陀洛迦山的確切位置，學術界仍有爭議。不過，普陀洛迦山所在的莫科林岬角現在是聲名遠揚的夕陽盛景，游客絡繹不絶。眺望美麗的印度洋，隨着夕陽西下的方向，正是人心向往西方極樂世界的入口。人們相信這就是觀音菩薩的殊勝住所。

7.觀音頭頂的化身是誰

在觀世音菩薩的造像中，頭頂會出現一尊化身佛，有時是坐佛，那他到底是哪一尊佛？

中國人所熟悉的大乘經典《佛說觀無量壽佛經》中記載："釋迦牟尼佛告訴阿難尊者觀看觀世音菩薩的尊容時，說到觀音頭冠中有一站立的化身佛，他就是阿彌陀佛。向往極樂世界的人臨終時，阿彌陀佛和觀音、大勢至二菩薩都會持蓮臺前來，將他迎接到極樂世界去。"

《龍樹十二禮》中記載："觀音頂戴冠中住，種種妙相寶莊嚴，能伏外道魔僑慢，故我頂禮彌陀尊。"

8.是誰堅定了觀世音的誓願

觀世音菩薩曾發誓要度盡眾生，但因見到無數人在六道輪回而起了退心，結果頭顱立刻裂爲碎片。那么是誰堅定了觀世音的誓願呢？

觀世音菩薩在印度南方普陀洛迦山修道之初，發誓說："我要讓每個人都解脱生死輪回，只要有一個人無法解脱，我也不會放弃。如果我違背了誓言，我的頭顱將碎裂爲千片。"阿彌陀佛對觀世音說："這真是個了不起的誓願，我和三世諸佛也因這個普度眾生的誓願而覺悟，我將協助你完成這個誓願。"立刻，觀世音軀體放出六種奇異的光芒，白、緑、黄、藍、紅、黑，分別照耀天、阿修羅、人、畜生、餓鬼和地獄等六道眾生。

觀世音在山頂環顧世間眾生，看到還有無數人在六道輪回中，他心生氣餒地說到："世人的苦厄是與生俱來的，只要世間存在一天，苦厄就存在一天。如果無法斷絶苦厄，怎樣才能度盡一切蒼生呢？看來當年的誓願是自尋苦惱，不能完成了。還要白費力氣嗎？還不如現在就回轉極樂世界去呢！"當即觀音違背誓言的結果就應現了，他的頭顱立即碎裂成千片。此時阿彌陀佛對觀音說："你千萬不可違背誓言！不然，你所做的一切善行，都將變成虛妄。只要繼續教化眾生，必定能完成你的誓願。十方三世所有的佛菩薩都會幫助你成就圓滿。"阿彌陀佛發揮超大力量將碎裂的觀音頭顱重整變成十一面，并長出千只手。每一手掌心有一眼，象征着賢劫千佛。觀音的頭頂也生起一座化佛相，就是阿彌陀佛。

阿彌陀佛又說真言："唵嘛呢唄美吽。"觀音聽后立刻得到大智慧，剛强起來，再也沒有産生軟弱后退之心。阿彌陀佛以神力堅定觀音的誓願，因此，直到現在觀音仍以大悲關懷蒼生。

9.觀世音菩薩的净土

觀世音菩薩要帶衆生去的净土就是阿彌陀佛的極樂世界，净土就是清净没有污染的，稱爲"净土"。人世間是悲苦的、污穢的，稱爲"穢土"。大乘佛教認爲，十方世界佛有無數，所以净土也有無數。按空間分：東方有阿閦如來的净土，西方有彌陀净土，南方有寶生佛净土。按時間分：過去有燃燈佛的净土，未來有彌勒菩薩等待成佛的兜率净土，現在有釋迦牟尼佛的靈山净土。每尊佛按照他們的本願和衆生的因緣，構建出完美佛土。

　　觀音菩薩的根本净土在西方極樂世界，他在未來要繼阿彌陀佛的佛位，佛號爲"普光功德山王如來"，國土稱爲"衆寶普集莊嚴世界"。他要教化娑婆世界衆生往生西方極樂世界，西方極樂世界就是他永恒的住處。

　　現在，阿彌陀佛正在極樂世界的國度裏説法，無數菩薩和天人圍繞在他的蓮座四周聽法。觀世音與大勢至兩位菩薩是阿彌陀佛的脅侍，一起修學佛法，行菩薩道，他們發大悲願，往來於娑婆世界，規勸衆生往生極樂世界安住。如果有人臨終時稱念阿彌陀佛或是觀世音菩薩的名號，除了阿彌陀佛會來接引之外，觀世音菩薩也會持蓮臺來接引往生者。所以，觀世音菩薩又稱爲"引路菩薩"。

10.觀音與中國南海普陀山

　　印度有個普陀洛迦山，中國也有個普陀山，是中國人親近觀音的殊勝道場。普陀山位於錢塘江口，浙江省定海縣舟山群島東南部海域。普陀山是中國佛教四大名山之一。它既有悠久的佛教文化，又有迷人的海島風光，古人稱之爲"海天佛國""人間第一清净境"。山上的"不肯去觀音院"很有名，是普陀山寺的創建始祖。

　　"不肯去觀音院"的典故記載在《普陀山志》中，公元九一六年，后梁貞明二年，日本僧人慧鍔到五臺山參拜文殊道場，看見一尊觀世音大士聖像，清净莊嚴，想請回日本供養，又怕該寺主持不肯，於是偷偷地將這尊聖像請走了。慧鍔得到這尊聖像之后，立即買船東渡，准備回國。當這條船駛進浙江定海舟山群島新邏礁的地方，忽然海洋中涌現出鐵蓮花，擋住航道。如此三日三夜，船無法開出，只能繞着普陀山四周打轉。慧鍔見此奇異景象，當即跪在聖像前面求懺悔説："大士，弟子因菩薩聖像莊嚴，我國佛法未遍，聖像少見，所以想請聖像回國供養。如果因我是不與而取的，或我國衆生無緣供養，弟子就在此地建立精舍，供養聖像。"慧鍔懺悔完畢，船立刻飛速的駛到潮音洞邊，安然停下。

　　慧鍔登山后，在潮音洞附近，找到一家漁民的茅舍，見舍主張翁説明來意。張翁歡喜異常地説："菩薩願意住在這個荒山孤島，説明與我們太有緣了。就請師父和菩薩一并住在這裏。我把房子讓出來築庵供奉菩薩，將全山民衆召集起來參拜菩薩。"慧鍔也就不回日本，在山上築庵安住。民衆稱此庵爲"不肯去觀音院"，慧鍔成爲普陀山第一代開山祖師。從此普陀山成爲我國著名的觀世音菩薩道場，而大慈大悲救苦救難廣大靈感觀世音菩薩，便成爲家喻户曉的大菩薩了。

　　普陀山作爲中國佛教四大名山之一，與文殊菩薩的五臺山、普賢菩薩的峨嵋山、地藏菩薩的九華山，齊名并列爲近代中國最大的佛家道場。來自亞洲各地，如朝鮮、日本、越南、泰國等地的外國旅行者，經過此地，遇到苦難時，都會向觀音祈禱。時間久了，朝拜的人漸漸多了，寺院也就越建越多，後來更名普陀山。明、清時普陀山的香火最爲鼎盛，共建有八十八座庵院、一百二十八處茅棚、僧衆三千人，達到了"見舍是庵、遇人即僧"的盛況。其中，普濟、法雨、慧濟三寺規模最大，世稱"普陀三大寺"。

　　普陀山是中國人心目中的觀音聖地，每年三節：二月十九日出家日、六月十九日觀音成道日及九月十九日觀音涅槃日，普陀山都舉行盛大法會，各地朝山信衆多達數十萬之衆，可見香火之鼎盛。

94. 觀世音菩薩之二 150厘米 × 91厘米

95. 觀世音菩薩之三　150厘米 × 70厘米

96. 觀世音菩薩之四　145厘米 × 70厘米

97. 南無觀世音菩薩之一　123 厘米 × 64 厘米

142

101. 大足石刻如意觀音　148厘米×90厘米

三十三、一葉觀音

　　三十三觀音之一。因爲觀音菩薩坐於一葉蓮花之上，而得此名。佛經講蓮瓣爲葉，千葉蓮即千瓣蓮，一葉蓮即一瓣蓮，故又名"一瓣蓮觀音"。一葉觀音聖相特征是：菩薩乘一瓣蓮花，取立姿浮於水上，作漂游狀，神情自若，莊嚴慈祥；坐姿作遊戲坐，或雙脚合攏作善跏趺坐，又稱倚坐；手持蓮花或者如意。歷代文人畫家均喜作一葉觀音圖，意在表現觀音菩薩爲普濟衆生，不顧辛苦，在風浪中乘"一瓣蓮花遨九州"的主題思想。少林寺方丈院内有一幅元代大德八年的石刻綫畫"一葉觀音"。圖中一葉觀音位於圓月之中，頭戴花冠，倚卧在一葉蓮花瓣上，花瓣如小舟，輕飄於湖上，柳瓶琥珀碗，隨后浮行，上有彩雲弄巧，彎月如眉，觀世音菩薩舉目仰望，意態安祥。圖下刻有少林月嵒法師首讚："幻人呈幻事，依幻非真相，真滅幻亦滅，了無相可得。"頗有禪宗解悟人生哲理之意。《法華經·普門品》中記載："若遭逢大水之灾，只需喚其名號，即可疏散至淺顯之處。"據此，一葉觀音成了普門品中的"救水難之身"。

三十四、《心經》三十三觀音

　　觀世音菩薩爲攝化衆生而自然示現之三十三種現象。《法華經·普門品》及其他諸種感應傳，持驗記叙述，由此，民間亦流傳此類圖像，比較著名的有清代卓峰之觀音應化圖三十三幅（現藏於日本東京國立博物館）。此三十三觀音是臺灣畫家奚松先生按《般若波羅蜜多心經》順序白描畫稿而着色編繪。

　　這裏需要説明的是，《心經》的編排和奚松先生的解釋與傳統的三十三觀音有着較大的區别，今按兩步進行編排：第一，先解釋《心經》；第二，再解釋三十三觀音，使大家有一個比較明確的對比。

　　[1]　"觀自在菩薩"：觀真實智慧，得大自在，具備上求正覺，下化衆生的菩薩，又可稱觀世音菩薩。

　　[2]　"行深般若波羅蜜多時"：當菩薩修行，實踐深妙的般若波羅蜜多時。

　　[3]　"照見五蘊皆空"：菩薩洞察，照見代表物質界的色，以及代表精神界的受、想、行、識。以上五蘊其本質皆是由無法計量的因緣而生，并没有可視爲絶對單獨存在的自性可言，這種無實體、無自性的狀態，假名有，實爲空。

　　[4]　"度一切苦厄"：認識空性，即了解佛説：諸行無常，諸法無我，涅槃寂静的深意，也就能破除生命習慣的執着，并進而改善人、我和自然間的關係，終得度一切苦厄。

　　[5]　"舍利子"：般若波羅蜜多的空義很深奥，因此召唤佛陀座下以智慧第一著稱的弟子，舍利子，前來領受教導。

　　[6]　"色不異空，空不異色"：舍利子啊！你要知道，世間所有物質的色相，都不異於無實體的空性，而空性也不異於物質的色相。

　　[7]　"色即是空，空即是色"：空與色并不是兩件事。色相的存在，即是依於空性的存在，也即是依於色相才得以呈顯。

　　[8]　"受想行識，亦復如是"：不只物質界如此，就連精神界感覺的受，心中的想，意志的行和判斷的識，亦復如是與空性不即不離。

　　[9]　"舍利子，是諸法空相"：舍利子啊！前面説空有相依，現在要更進一步説：從超越了世間差别現象的眼光來看，是宇宙生命一切存在的諸法都是呈顯絶對的空相。

　　[10]　"不生不滅，不垢不净，不增不減"：空性本身没有，有無的差别，是不生不滅的；空性在性質上没有染净之分，是不垢不净的；再者，空性在數量上没有多寡之别，是不增不減的。

　　[11]　"是故空中無色"：是故，以超越的眼光來看絶對的空性，可以説，空性中其實并無物質界的色相。

　　[12]　"無受想行識"：就五蘊而言，空性即無物質界的色相，也無精神界的受想行識。

　　[13]　"無眼耳鼻舌身意"：空性中無感覺器官，所謂六根的眼、耳、鼻、舌、身、意。

　　[14]　"無色聲香味觸法"，也無對象的世界，所謂六境的色、聲、香、味、觸、法。

　　[15]　"無眼界乃至無意識界"：六根與六境合稱十二處，再加上各感覺器官與對象世界接觸産生的六識界，包括眼識、耳識、鼻識、舌識、身識、意識、統稱十八界，至此也可一并説成：無眼界乃

至無意識界。

[16] "無無明，亦無無明盡"：就人類生存的緣起現象來說，有十二因緣：無明、行、識、名色、六入、觸、受、愛、取、有、生、老死。無盡的因緣流轉，唯有在絕對的空性中才得解脫。可以說，并無構成生命妄動的無明，亦無無明終盡的境界。

[17] "乃至無老死，亦無老死盡"：乃至於無老死之苦亦無老死終盡的境界。

[18] "無苦集滅道"：就連佛說的四聖諦：苦、集、滅、道，也不過是面對衆生，隨緣說法。在絕對的空性中，其實并無生、老、病、死；愛別離、怨增會、求不得、五陰熾盛等苦。沒有貪愛的聚集，沒有寂滅的境界，更無固定的道可修。

[19] "無智亦無得"：至此，無所謂絕對的智慧可言，亦無絕對的法可得。如此不執着於固定不變的真理，進一步把空有相依的道理也一并破除，歸向本體的空性，這才算是體悟了真實的智慧，真實的佛法。

[20] "以無所得故"：亦了解空性深意，知道在宇宙間物質界的精神都并無絕對所能得的緣故。

[21] "菩提薩埵，依般若波羅蜜多故"：菩薩——菩提薩埵，依般若波羅蜜多修行，在世間實踐布施、持戒、忍辱、精進、禪定等自度度他的行爲，也因此之故，得真實智慧。

[22] "心無挂礙"：體悟了空性，心中就無有任何的挂礙。

[23] "無挂礙故，無有恐怖"：也因爲心無挂礙，不執着的緣故，就無有可視爲恐怖的事物。

[24] "遠離顛倒夢想"：遠離了一切生命蒙昧妄動的顛倒夢想。

[25] "究竟涅槃"：當菩薩體驗到宇宙萬法平等、寂静，即是抵達了究竟涅槃之境。

[26] "三世諸佛，依般若波羅蜜多故"：三世諸佛，也都依了般若波羅蜜多修行的緣故。

[27] "得阿耨多羅三藐三菩提"：修證得圓滿正覺——阿耨多羅三藐三菩提。

[28] "故知般若波羅蜜多是大神咒"：般若波羅蜜多極爲深奧，非尋常思想語言所能企及。珍貴的經文，是一種象征，用以啓發世人明了抵達彼岸的方法。故而知道，般若波羅蜜多是妙力無窮的大神咒。

[29] "是大明咒是無上咒是無等等咒"：是使衆生大徹大悟的大明咒，是至高無上的無上咒，是超絶無比的無等等咒。

[30] "能除一切苦，真實不虛"：能解除衆生一切苦痛，是真實而絲毫也不虛假的。

[31] "故說般若波羅蜜多咒即說咒曰"：爲使世人專心致志，對無上真實智慧勿失勿忘，故而宣說般若波羅蜜多的持誦咒語，即說咒曰。

[32] "揭諦揭諦波羅揭諦"：揭諦——去吧！波羅揭諦——到彼岸去吧！

[33] "波羅僧揭諦菩提娑婆訶"：波羅僧揭諦—圓圓滿滿地往彼岸去吧！菩提娑婆訶—覺悟了，多快樂啊！

107. 行深般若波羅蜜多時　67 厘米 × 45 厘米

114. 舍利子，是諸法空相　66 厘米 × 44 厘米

115. 不生不灭，不垢不净，不增不减　66厘米×45厘米

116. 是故空中無色　66 厘米 × 45 厘米

118. 無眼耳鼻舌身意　70 厘米 × 46 厘米

121. 無無明，亦無無明盡　70 厘米 × 46 厘米

122. 乃至無老死，亦無老死盡　70厘米 × 46厘米

124. 無智亦無得　71 厘米 × 46 厘米

125. 以無所得故　70 厘米 × 45 厘米

127. 心無挂礙　71厘米 × 46厘米

129. 遠離顛倒夢想　72 厘米 × 46 厘米

130. 究竟涅槃　71 厘米 × 46 厘米

131.三世諸佛，依般若波羅蜜多故　70厘米×45厘米

133. 故知般若波羅蜜多，是大神咒　72厘米 × 46厘米

134. 是大明咒，是無上咒，是無等等咒　62 厘米 × 45 厘米

136. 故說般若波羅蜜多咒，即說咒曰　70厘米×46厘米

137. 揭諦揭諦波羅揭諦　67厘米 × 45厘米

138. 波羅僧揭諦，菩提娑婆訶　72 厘米 × 45 厘米

三十五、樂舞飛天菩薩

在佛教龐大的組織係統中，"樂舞飛天"屬佛教護法神"天龍八部"中的"乾闥婆"和"緊那羅"兩部。乾闥婆是梵名，意譯爲香音神、樂舞神和執天樂等。傳説其不食酒肉，惟以香氣爲食，故而名之。乾闥婆原爲印度婆羅門教所崇奉的神祇，相關的神話很多，或有説爲身上多毛，或有説其爲半人半獸，也有説其樣貌極美。在印度神話中爲天上樂師。而在佛經中則爲八部護法衆之一，是帝釋天屬下職司雅樂之神。又諸經中或以之爲東方持國天的眷屬，是守護東方的神，具有衆多眷屬。

據《維摩經玄疏》卷五所説，此神常住地上之寶山中，有時昇忉利天奏樂，善彈琴，作種種雅樂，悉皆能妙。又據《大智度論》卷十所載，乾闥婆王至佛所彈琴讚佛，三千世界皆爲震動，乃至摩訶迦葉不安其座。還有在《法華經》卷七《觀世音菩薩普門品》中以此乾闥婆神爲觀世音示現的三十三身之一。關於其住處，在《長阿含經》卷十八《世紀經·閻浮提洲品》中記載："佛告比丘，雪山右面有城，名毗舍離，其城北有七黑山，七黑山北有香山，其山常有歌唱伎樂、音樂之聲。山有二窟：一名爲晝，二名善晝，山七寶成，柔濡香潔，猶如天衣，妙音乾闥婆王從五百乾闥婆，在其中止。"佛教諸多經典中都有提到有關乾闥婆的叙述。

在佛教中的香神和樂神不只有乾闥婆，八部衆中，緊那羅王本來并不是戰神，也是一個歌神和樂神。緊那羅過去譯作"人非人"或"疑神"，新譯爲"歌神"。爲佛教護法神"天龍八部"之一。據《法華文句》卷二説其"似人而有一角，故曰'人非人'，天帝法樂神，居十寶山。"緊那羅又稱"音樂天"，能作歌舞，男則馬首人身能歌，女則端正能舞，次此天女，多與乾闥婆天爲妻室。

可見緊那羅還有男女之分，男性其貌不揚，長着個馬頭；女性則相貌端莊，有一副絕妙的好嗓子。據《大智度論》説，有五百仙人騰雲駕霧，在空中飛行，好不逍遥得意。忽然傳來了緊那羅女的動人歌聲，大仙們頓時如醉如痴，忘乎所以，道術一下失靈，紛紛從空中栽入塵埃。

在印度神話中"飛天"是雲和水之神，肩下生有雙翼，以湖泊沼澤爲家，常遨游於菩提樹下。印度"飛天"隨着佛教傳入中國后，便沿着絲綢之路飛進新疆庫木吐拉石窟、克孜爾石窟、甘肅炳靈寺石窟、敦煌莫高窟等，使飛天形象越來越中國化。早期的飛天外形與菩薩相似，體型較短，身上佩戴的瓔珞較少，袒露着上身，大多排列成條狀，也有以單個的形式出現。外形有男有女，有的手持樂器演奏，有的手捧花鉢散花，顯得粗獷奔放。經過北魏時期、北周時期，到了唐代飛天樂舞形象發展到了高峰，不僅數量多，而且藝術神韵也最高，真正成爲東方樂舞飛天美神。

飛天樂舞菩薩是隨着佛教經典的廣泛傳入而變得豐富多彩。歌舞樂伎，梵唄讚歌，爲佛供果、獻寶、散花的歌舞伎，在優雅的歌舞梵唄中翩翩起舞，婀娜多姿，天衣飛揚，滿壁風動，使人仿佛到了天界佛國。

139. 敦煌飛天之一　125 厘米 × 92 厘米

140. 敦煌飛天之二　59 厘米 × 93 厘米

141. 敦煌飛天之三　57 厘米 × 93 厘米

142. 敦煌飛天之四　60 厘米 × 93 厘米

143. 敦煌飛天之五　58 厘米 × 93 厘米

144. 敦煌飛天之六　59 厘米 × 90 厘米

145. 敦煌飛天之七　60 厘米 × 93 厘米

146. 敦煌飛天之八　57 厘米 × 93 厘米

147. 敦煌飛天之九　60 厘米 × 93 厘米

148. 敦煌雙飛天之一　60 厘米 × 93 厘米

149. 敦煌雙飛天之二　65 厘米 × 85 厘米

151. 大足飛天之二　63 厘米 × 92 厘米

圖版目録

圖版目録

鳴　謝

趙利生	陳樂燊	韓永元	王少軍	朴勇妍
周　繼	王芳妮	沈林潔	陳柏全	趙風珍
吳建利	趙蔚瑛	鄭楚璇	劉冥希	李艾俊
陳少潮	無名氏	許宸銘合家	張振越合家	孫櫻民合家
翁振虎	李相民	孟憲紅	趙大智	闞文紅